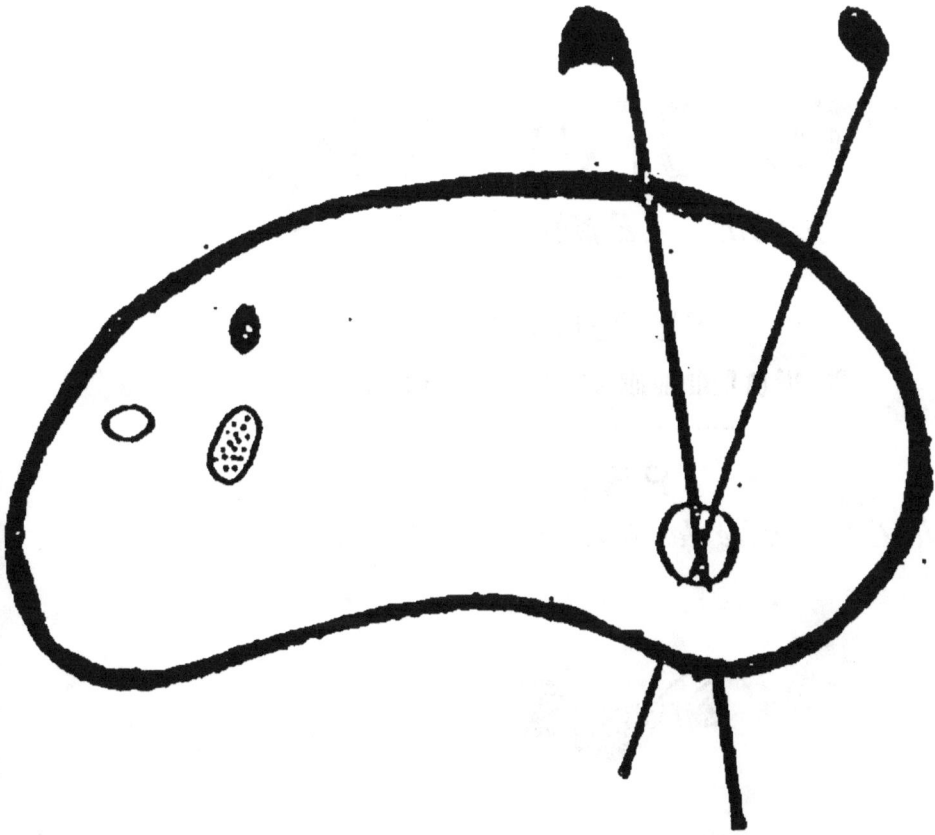

DEBUT D'UNE SERIE DE DOCUMENTS
EN COULEUR

PRODUCTION LIBRE

LE MENU

DES

ANTHROPOPHAGES

LE MÉDECIN - LE MAIRE - LE CURÉ

PAR

TYPHON

Breveté en Gastronomie avec garantie de l'Index

PRIX

A la Générosité des Riches, pour les Pauvres

LYON

IMPRIMERIE TYPOGRAPHIQUE A. PASTEL

10, PETITE RUE DE CUIRE, 10

1883

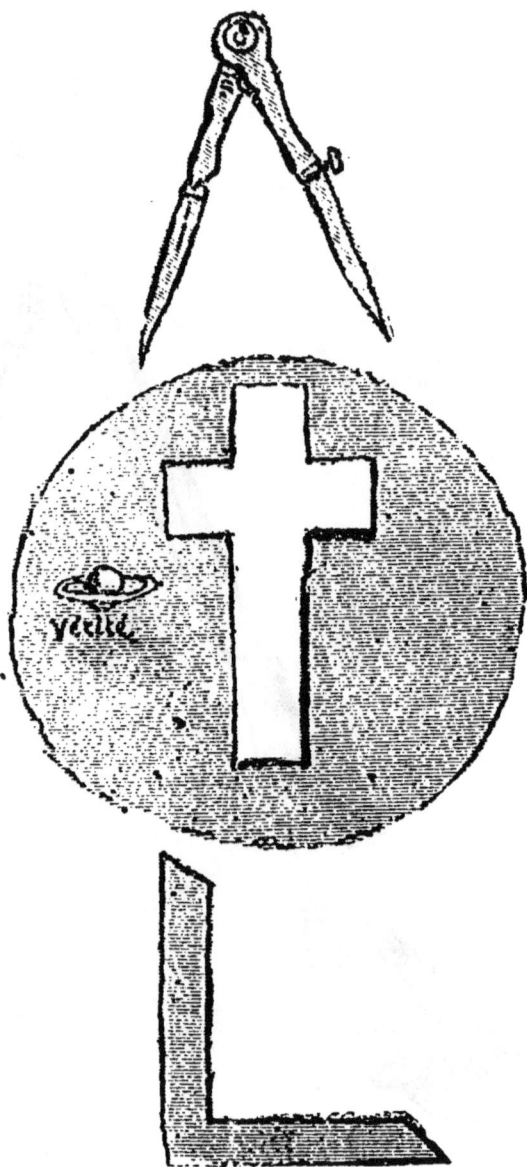

verité

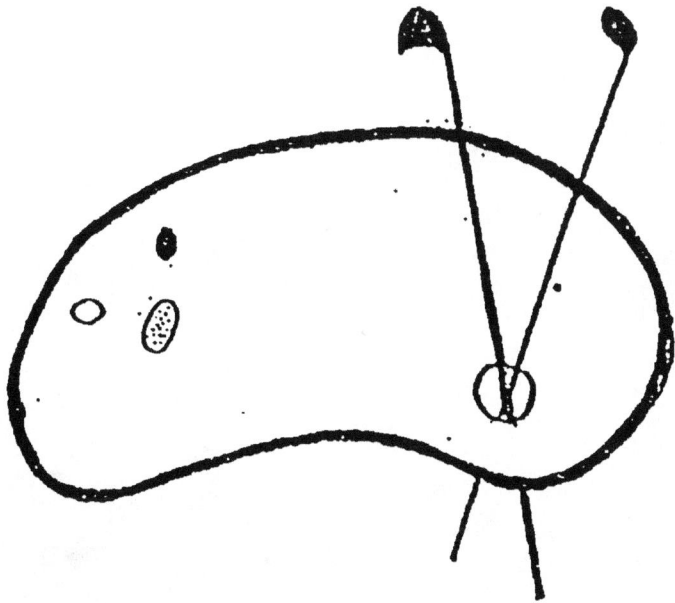

FIN D'UNE SERIE DE DOCUMENTS
EN COULEUR

LE MENU

DES

ANTHROPOPHAGES

LE MÉDECIN - LE MAIRE - LE CURÉ

PAR

TYPHON

Breveté en Gastronomie avec garantie de l'Index

PRIX

A la Générosité des Riches, pour les Pauvres

LYON
IMPRIMERIE TYPOGRAPHIQUE A. PASTEL
10, PETITE RUE DE CUIRE, 10

1883

LES PARQUES

O masque corrupteur !
O routine effrénée !
Ton sacrificateur
Vers l'Ida suit Enée !

Mais le bon Jupiter,
Dérobé par Sybèle,
Dans le céleste Ether
Nous tiendra sous son aile.

Sors de là ! triste nuit ;
Arrière ! vil Erèbe ;
Vos filles, dans un puit
Se noiront sous la glèbe !

LE MENU

DES

ANTHROPOPHAGES

LE MÉDECIN – LE MAIRE – LE CURÉ

————— ❖•❖ —————

LE MÉDECIN.

Quand on déclare un homme *fou*, il faut au
moins en être bien sûr à l'avance, Monsieur
le médecin omnipotent; ou si votre sentence
doctrinale, à laquelle les sourds-aveugles
d'esprit ajoutent trop de foi, est erronnée en
principe et s'exécute par sécession, le médecin
s'expose à passer pour un imbécile fieffé, sinon pour un malintentionné pervers et cupide.

Avant donc de se prononcer sur l'état mental de quelqu'un, il s'agit de savoir réellement
si ses facultés intellectuelles sont altérées par
une cause morbide patente, si elles fonction-
nent mal effectivement et à un point dangereux.

Mais avant tout que prétendez-vous dire par
ce mot *fou*.

Entendons-nous sur la chose d'abord; car j'imagine que vous vous faites illusion vous-même sur la réalité significative de ce mot.

Mettons-nous donc d'accord, si vous le voulez-bien, sur sa véritable acception, et avant de m'envoyer dans les petites maisons pour y perdre le peu de bon sens qu'il me reste, éclaircissons sa définition sans ambiguïté, afin d'éviter toute confusion dans son interprétation, et ne pas nous embrouiller dans des quiproquos fastidieux tout au moins.

Je vous prie de croire que ce n'est pas le mot qui me remue la bile : tant s'en faut et loin de là; car plut au ciel que les pensionnaires de Ste-Anne, de Bron et d'ailleurs, fussent avec moi tous voués à la Folie qui, *seule*, conduit l'homme aux célestes aspirations de l'Idéal suprême.

C'est d'abord de la Folie que nait ou dérive la gaité, n'est-ce pas ?

Sans la Folie il n'y a pas de gaité possible et un peu de gaité suffit à bannir tout chagrin. Or sans un grain de Folie, les imbéciles, les idiots, les crétins, aveuglés par le bandeau de l'ignorance, se verraient complètement exposés aux atteintes de la Démence, et ce n'est que grâce à la Folie qu'ils peuvent se trouver assez heureux dans leur aveuglement inconscient.

En outre les bienfaits de la Folie sont si grands, ses dons si précieux, que sans elle le monde ne pourrait même pas exister; car si ce n'était cette comédie burlesque qui se joue sans cesse entre les hommes du haut en bas de l'échelle sociale, il leur serait vraiment impossible de pouvoir résister aux défectuosités inénarrables qui les exposent parfois même à la plus affreuse détresse ; et, pour peu qu'on examine les vicissitudes qui nous entourent, on reconnaît la nécessité urgente, indispensable, de cette scène extravagante qui se joue sans relâche dans la société, comme une farce étourdissante et interminable parmi un nombre incalculable de fous.

Or, si vous prétendiez fausser les rôles si bien répartis par la Folie, qui renoue ainsi les rapports sociaux si mal établis par les hommes ; si vous vouliez supprimer les acteurs qui ne vous sont pas sympathiques pour réformer la scène à votre gré ; autant serait de changer le monde de place, ou de faire rétrograder les planètes, ô docteur insensé !

> Laissez les enfants à leur mère ;
> Laissez les roses aux rosiers,

Jusqu'à preuve du contraire, tout porte donc à croire que rien n'est plus beau que la Folie, et que les plus heureux d'entre nous sont précisément ceux qui peuvent ou savent se vouer à son culte délicieux ; puisque c'est la déesse incomparable qui gouverne le monde, et qu'elle dirige l'humanité par ses fantaisies savamment ordonnées, en vue de faire supporter aux hommes les vicissitudes de leur état social mal régi, et de leur procurer un peu de bonheur leur faisant oublier les maux qui les rivent impitoyablement sur cette terre.

La Richesse, sa parente par mésalliance, donne bien il est vrai le moyen d'obtenir des plaisirs éphémères qui, aussitôt disparus, ne font qu'aggraver ensuite les douleurs morales de l'homme ; mais par un juste retour du vice ignominieux qui la distingue en principe, cette Richesse pusillanime, écœurée, perfide, traitresse et lâche, est impuissante à acheter le bonheur, même au prix de ses trésors factices les plus merveilleux en apparence. Un reptile hideux est toujours là, dans son sein, qui lui ronge le cœur ; car cet or avilissant lui inspire un orgueil malsain, la rend impudique éhontée, odieuse, impitoyable envers les autres ; et, se voyant de ce chef un objet d'horreur ou de jalousie vindicative de la part de ceux qu'elle oppresse, elle va jusqu'à manifester ses passions dégradantes par des atrocités épouvantables, ou à donner carrière à sa bestialité hideuse par les cruautés les plus féroces.

Ce n'est certes pas dans l'opulence que se niche le bonheur, mais dans ce milieu populaire qu'on appelle *médiocrité*, ou plus souvent encore dans la classe aisée des villageois, aux champs, en pleine nature, où la sérénité de l'âme règne ; tandis que l'on peut remarquer au contraire les plus profondes douleurs morales, les plus terribles tortures de l'esprit, se glisser furtivement dans l'apanage des riches transfigurés en tigres par leurs douleurs morales, sous un luxe somptueux, ou envahis par le spleen sous le poids de leur énervement et de leurs remords.

Jamais les douleurs physiques ne peuvent atteindre les degrés d'intensité de certaines douleurs morales ; et si les riches savaient ou pouvaient se figurer l'état de quiétude, de contentement et de bien-être des heureux *fous* qui n'ont pas même l'idée d'aspirer aux richesses séniles et calamiteuses de notre temps; ils verraient qu'ils se rendent malheureux par leur propre faute.

Et vous voudriez, médecin bénévole, répudier la Folie lorsqu'elle seule peut combler l'homme de bonheur, en lui faisant oublier l'obscène réalité des choses !

Mais c'est vous-même qui perdez la tête, quand, cédant à un sentiment stupide ou pervers, vous voulez faire réprouver un être dont les idées ne sont pas accessibles à votre esprit dépravé, pour donner à croire qu'il est indigne de porter le nom d'homme et de tenir sa place parmi la société de ses frères.

Ah, piètre Esculape ! ne prenons pas s. v. p. la Démence pour la Folie ; car autant la première est triste, morne, accablée, furieuse, cruelle, féroce, autant la seconde est belle par ses propres extravagances, et sublime par ses charmes qui ravissent le cœur de l'homme en l'élevant par l'extase vers l'infini !

La physionomie de la Démence a une expression basse, bornée, sèche, perverse, dégoûtante, et inspire autant de répulsion que de terreur.

Mais l'image de la Folie est chaste, pure, élevée, grandiose et délectable par les sentiments naturels que sa présence inspire, et qui semblent attirer l'homme vers la Perfection céleste !

C'est en suivant la Folie jusque dans ses frasques délirantes que vous pourriez atteindre au contraire le point culminant de l'ascension doctorale, et vous faire alors une idée de l'immaculée conception du génie d'Hippocrate : *le culte de la Folie* !

Pour vous en donner un aperçu, je vais essayer de soulever un bout du voile.

C'est en effet en se pénétrant du caractère sublime des allures les plus vives de la Folie, en s'identifiant jusqu'en la nature des mouvements les plus délirants de cette déesse suprême, que les fervents disciples de l'immortel Hippocrate arrivent à découvrir le parfait accord qui règne dans ses idées, à distinguer le rapport exactement équilibré de ses fonctions spirituelles, et, que loin d'altérer d'un iota son état mental, cette bonne harmonie spirituelle donne à son cerveau la plus grande sanité, lui inspire les sentiments naturels les plus purs, lui procure un jugement de la plus grande justesse, et lui permet un raisonnement de la plus grande force de déduction.

C'est donc en s'inspirant de l'état le plus exalté de joie, de gaîté, d'hilarité et de bonheur, dont la Folie est susceptible de favoriser ses bienheureux adeptes, que l'homme peut arriver à avoir la plénitude de ses facultés, de permettre à ses sens de se développer dans leur fonctionnement le plus normal, et de faire acquérir ainsi au corps humain ses mouvements les plus réguliers comme complément d'une organisation parfaite à tous les degrés.

C'est alors seulement que l'homme peut voir dans toute son étendue le fontionnement admirable de la machine humaine, et s'imprégner de l'essence naturelle et sentimentale qui distingue son origine humaine dans toute son excellence, en la différenciant d'avec le caractère de bestialité inepte des autres animaux.

Cela revient à dire que, sans la Folie, l'homme resterait à l'état de brute comme tous les animaux sans raison ; que ce n'est qu'en possédant toute sa raison que l'homme peut arriver à connaître la supériorité de sa race originelle, et qu'il peut aussi se faire une idée des bienfaits que la Nature tient en réserve à l'humanité *sous le secret de la Folie* !

Par conséquent, pour avoir sa raison intégrale, son esprit bien lucide, un jugement sain, il faut être littéralement *fou* dans la force du terme, dans toute l'acception du mot, ô sophiste rhéteur !

Tandisque la Démence, privant l'homme de raison, fait qu'il n'a plus que le sentiment instinctif de la brute, qu'il ignore la nature de son essence spirituelle, n'a pas conscience de ses actes, ne peut discerner la portée de ses agissements, et, qu'en l'absence de tout sens intellectuel, il se fourvoie dans le chaos du néant, se livre parfois à son insu à des grimaces hideuses, fait des contorsions insensées, exécute même des gestes pudibonds à l'excès par l'effet de préjugés gravés à l'état latent dans sa mémoire disparue, et manifeste son effarement spirituel par des mouvements baroques, désordonnés ou furieux, qui sont les signes distinctifs de l'homme énervé de vices ou accablé de maux, dont l'origine remonte à la science boiteuse de la divinité, et sur laquelle on a calqué celle de la médecine contemporaine que l'on vous a enseignée à vous-même avec assaisonnement d'aphorismes si obscurs qu'ils ont envahi les lobes de votre cerveau au détriment de toute vérité, ô sentencieux docteur !

Peut-on énerver, abêtir l'humanité sous l'avalanche de tant de sophismes artificieux, de tant d'utopies grotesques, de tant d'erreurs méthodiques, que cette science occulte vomit de toutes parts, sans risquer d'anéantir notre race ?

Un peu de réflexion sur la cause de nos maux pourra vous désiller les yeux, ô docte énergumène !

Vous pourrez en outre voir ces vices de plus près et sous d'autres formes dans mon petit entretien fantaisiste avec notre ami commun, le curé, s'il vous paraît opportun de vous assurer plus amplement de leur véracité, car le Dieu qui préside à cette science tient également sous ses auspices l'art de la médecine, comme vous savez, ô malin gavroche !

Entre la Démence et la Folie il y a donc autant de différence, ô docteur profane ! qu'il en existe entre la chèvre et le chou, le loup et l'agneau, le chat et la souris, l'araignée et la mouche, le vautour et sa proie, le tyran et le martyr, le despote et l'esclave, l'oppresseur et l'opprimé, le criminel et la victime, le bourreau et le supplicié, le coupable et l'innocent, le traître et le loyal, le dupeur et le dupé, le voleur et le volé, le perfide et le sincère, le lâche et le surpris, le vindicateur et l'indulgent, le fourbe et le fier, l'astucieux et le simple, l'orgueilleux et l'humble, en résumé qu'entre le mal et le bien, hormis les rapports qui diffèrent.

Néanmoins, avez-vous jamais pensé que votre sentence arbitraire peut renfermer quelquefois toutes ces abominations quand même ?

Il est de fait qu'à la suite d'une simple erreur de votre part, vous livrez une personne au chagrin, à l'amertume, au désespoir de se voir indignement arrachée de son milieu d'équilibre, claustrée entre quatre murs sous une ingérence sévère, exposée à de mauvais traitements, et parfois même livrée à de véritables tortures, supplices, infamies, venin, poison, etc., ô fantasque à panache ! ô freluquet à la cuisse dorée !

Mais quand cette personne ne serait pas réellement en démence, vous l'y feriez devenir par force, vous l'y feriez succomber fatalement, en agissant ainsi, ô docteur écervelé !

Et pouvez-vous tracer une ligne de démarcation bien tranchée entre la raison et la démence, avant d'encourir la responsabilité d'une sentence, ô docteur imprudent !

Allons, passons outre, pauvre frère, et si je vous fais avaler encore quelques crapauds, c'est qu'il faut vous figurer que nul n'est si violent que Typhon réveillé en sursaut par ses douleurs et surexcité par l'atrocité du mal qui le ronge ; car il prétend que chacun doit se prêter à porter la besace du pauvre et à traîner la chaîne de l'esclave, à moins que nos mastroquets veuillent se laisser manger tout crus à leur tour, ou sauter en l'air comme des guignes.

Oh ! il n'est plus temps de se moquer de la galerie, et ce n'est pas en regardant platoniquement filer Clotho et Lachésis, ni en voyant

indifféremment cisailler Atropos, que nous
sortirons du guêpier actuel, et que nous avan-
cerons d'un pas vers le but tant désiré ; mais
en ouvrant les yeux vers l'avenir et en nous
orientant sur la voie du progrès, chacun en ce
qui le concerne.

Mais pour revenir à notre sujet et reprendre
le cours de notre thèse médicale, sans idée
préconçue, toute d'amitié quoi ! sachons bien
d'autre part que la Démence est fille de la misère accablée de privations, et la Folie fille de
la Sagesse affligée de douleurs morales. Peut-
être ne vous en doutiez-vous pas seulement,
hein !

Or vraiment, sans le secours salutaire, ou
sans le concours utile et bienfaisant de la Folie
cette pauvre Sagesse triste et morose périrait
bien d'inanition sous le poids accablant de ses
réflexions déchirantes sur la réalité des choses, ou mourrait de désespoir en entendant
les cris stridents des malheureux aux prises
avec la misère et les gémissements des malades en proie à leurs souffrances !

C'est au fond de l'accablement que la Démence vient s'emparer de l'homme pour le
soustraire à l'horreur de ses tourments ; mais
c'est à l'apogée de la sagesse perdue dans ses
afflictions mentales, que la Folie arrive au secours de l'homme pour l'enlever vers les ré-
gions d'azur et lui donner une idée des délices
éternelles.

Ce n'est pas dans Epidaure qu'on enseigne
ces vérités, ô divin Esculape ! ô serpent à son-
nettes !

Distinguons enfin entre la déviation, l'aliénation ou l'oblitération complète ou partielle des facultés qui poussent la Démence au mal et dans le chaos, d'avec la clairvoyance subli- me, l'allure altiére d'esprit, la marche écheve- lée, la course éperdue, la direction rapide mais sûre de la Folie ne s'arrêtant jamais dans le trajet incessant de son tntelligence et de sa raison à la poursuite du bien dans la zône transparente de l'Ether.

La Démence et la Folie sont donc les deux extrêmes les plus opposés dans l'ordre de nos facultés, évidemment.

Or ça! docteur en herbes, pour vous pousser une première botte, pour vous astiquer d'em- blée le casaquin, je vous mets au défi de tirer un diagnostic sérieux, d'établir un critérium fondé et en règle à l'égard d'une maladie men- tale bien carctérisée en symptômes significa- tifs, qui puissent vous permettre de justifier par une sentence régulière le rejet d'un hom- me hors de la société pour cause de démence, et qui valident la mesure le privant de sa liberté d'action en la légitimant d'une manière indubitable.

Et pour allonger la pointe je dirai plus : c'est que je vous déclare également incompétent en matière médicale pour définir une maladie à fond, quelle qu'elle puisse être.

Allez donc à l'école du Progrès, petit écorni- fleur, et quand vous aurez acquis le grade de doctorat supérieur, alors seulement vous pourrez vous dire « docteur ès-sciences médi- cales » ; mais tant que vous n'aurez pas dé- coché ce titre par la justesse de vos études scientifiques, que vous n'aurez pas conquis ce grade doctoral véritable par un savoir réel vous saurez que vous usurpez la dénomination de docteur, et que vous n'êtes en réalité qu'un faux médecin, un vil charlatan !

A l'appui de cette affirmation et pour vous mettre sur les dents, je vous défie également de définir *la fonction active du cœur en indiquant son mobile essentiel,* et de déterminer *l'attribut scientifique* du rôle qu'il remplit.

Or, si vous ne connaissez pas le moteur principal du corps humain, vous ne pouvez savoir comment ce corps fonctionne ; et que diriez-vous d'un mécanicien qui prétendrait faire mouvoir, diriger, réparer une machine dont il ne connaîtrait que superficiellement et imparfaitement le mobile moteur ?

Vous le considéreriez, n'est-ce pas, comme un ouvrier inconscient, un apprenti ?

Nous y voilà, êtes-vous satisfait ?

— Non, pas encore.

— Malpeste ! puisque vous êtes un gaillard aussi rude à la détente, j'aime ça, mon brave.

Alors cramponnez-vous aux trousses de la science pour l'accoucher de son secret ; prenez vos fers pour lui arracher du ventre ce moteur sublime, ô docte Lentimèche !

Tournez, tordez, mastiquez ce morceau coriace avec toute la puissance de vos mandibules pour en bien exprimer son essence, ô cureur de lèchefrites !

Triturez cet aliment solide en tous sens et sans relâche pour vous en saturer le palais, ô fin gourmet !

Et quand la mastication sera parfaite ; quand vous en aurez bien savouré le goût principal ;

soumettez le problème de son essence exceptionelle au grand alambic stomacal de la science, pour connaître, par sa digestion infaillible, la nature de cette composition insigne, ô fallacieux docteur !

Par l'œil de Jupiter ! si vous ne trouvez pas la clef de la médecine dans cette opération analytique : si vous ne saisissez pas le jeu de ce ressort admirable ; si vous ne comprenez pas l'action de cet instrument suprême ; si vous ne voyez pas son effet incomparable et unique ; c'est que vous aurez un torgnolon bien calfeutré à la cocarde, des chassis vitreux en diable, des cymbales à pavillon démesuré, mon petit sifflant ! et qu'il ne vous restera qu'à vous faire marmiton de tiers-état pour conquérir les ampoules de la gloire en attisant le feu budgétaire qui dévore la substance du peuple, ô docte olympien ! ô fringant docteur ! ô frétillant uranographe ! ô roi Petault ! ô lanterne sourde ! ou à vous faire souffler au cul par Eolus, ô madré philophane ! pour qu'il vous transporte d'un coup de vent dans ses limbes, où vous pataugerez à votre aise à l'abri de toute atteinte et hors de la portée des coups de trique de Typhon surtout.

Car à quoi vous sert-il, dites-moi, de disséquer des cadavres, fanfrelu carabin ! inceste doctrinaire ! chaudron percé ! cerveau creux ! si vous ne savez discerner l'office du moteur essentiel dans un corps vivant, ô docte marmouset !

Si vous diagnostiquez à vue de nez et à tout hasard ; si votre critérium est établi à tort et à travers ; si vous opérez en aveugle ; ne vous exposez-vous pas à remédier aux maladies à contre-sens ?

Et si vous prenez la vache par la queue ; si vous suivez le contre-pied de la science médicale ; au lieu de ramener à la santé les corps malades, vous travaillez uniquement à les réduire en charognes, ô cancre !

Par le sang de Mars ! cent fois mieux vaudrait pour les malades de s'adresser à un iroquois plutôt qu'à un farfadet de clinique, ô sombre fossoyeur !

A vous voir gorgé de prétention, infatué de prestige, superbe de relief, ô docteur arrache l'âme ! on dirait que vous possédez des secrets mystérieux, que vous tenez entre vos mains le sort de l'humanité, et que vous planez à cent coudées au-dessus du commun des mortels sous les arcanes de la science divine, ô sinistre docteur !

Et vous ne voyez pas, ô ténébreux estropié ! que vous plongez la tête dans le chaos de la physiologie ; que vous vous noyez dans les détails infinis de l'anatomie, en laissant presqu'inaperçu le viscère d'où tout dépend ; car arrivé au plus loin de vos pérégrinations mal dirigées au début, vous vous perdez inévitablement dans le vide d'une théorie spécieuse faussée à sa base ; vous vous égarez dans le cloaque de vos principes en l'air et surannés ; parce que votre tracé, vicié au point de départ, vous éloigne de plus en plus du mobile essentiel de la constitution humaine ; vu que vous ne donnez qu'une attention secondaire au viscère suprême, *le cœur*, seul guide certain du médecin expert en son art.

Mais, je le vois, vous y perdez votre latin dans ce jargon de Typhon, n'est-ce-pas ?

Rassurez-vous donc, grand ami écorné ; car la faute en revient en premier ressort à vos grigous de la science qui vous ont glissé sournoisement un compas boiteux et mis entre les mains une fausse-équerre, en vous cachant totalement *l'instrument sublime* qui, *seul*, peut en mesurer le pas et équilibrer ou niveler les roles ; ce qui fait que vous ne pouvez être qu'un mauvais ouvrier en médecine, qu'un gâcheur de corps humains, en vous en tenant là.

Par la barbe de Jupiter ! Par les cheveux de Vénus ! ce n'est pas dans Leucece, je le sais, qu'on vous donne l'analyse complète de ce viscère si important à bien connaître.

A vous de résoudre cette composition, d'arracher la clef de la médecine du creuset de la science. — Il y a un peu de besogne sans doute, et le chemin est un peu scabreux à parcourir : mais arrivé au faîte et quand vous aurez atteint le but, vous aurez une large compensation et y trouverez une complète satisfaction.

Alors seulement vous pourrez vous dire *docteur* ; sinon faites-vous plutôt palefrenier, décrotteur, garde-chiourme ou vidangeur.

Et pour vous rafraîchir la mémoire, en fait de folie de votre acabit, cherchez à présent dans votre cerveau (si vous avez une cervelle toutefois) de quelle singulière façon votre raison fonctionne avec votre intelligence (les deux sœurs solidaires), et voyez si elles marchent uniformément ensemble pour que leurs évolutions s'opèrent naturellement et sans encombre, c'est-à-dire librement et sans que rien ne vienne en fausser leur impulsion normale du cerveau, alimenté par le cœur.

Je m'en rapporte à cette exploration toute élémentaire, et si vous la faites avec sincérité et clairvoyance, cordieu ! je veux que Lucifer m'étrangle si vous ne voyez pas aussitôt la poutre qui vous crève les yeux, à propos d'aliénation mentale.

Alors quand vous aurez mis la saine raison et la droite intelligence à leur place respective et que vous les ferez agir de pair, vous verrez que leur résultat commun vous permettra le jugement de toute chose à sa valeur intrinsèque, et vous reconnaîtrez combien il importe à un médecin consciencieux de ses actes de ne jamais affirmer un fait de nature à porter atteinte à autrui, sans en sonder la portée réelle au préalable et avant de s'assurer du genre de défectuosité mentale, à l'aide d'une auscultation spirituelle du sujet et au moyen d'une analyse régulière de la partie en souffrance.

Mais si le moindre doute vous empêche de vous prononcer en parfaite connaissance de cause sur un vice réel, rejetez sans hésiter tout contrôle et abstenez-vous de toute sentence, plutôt que de vous compromettre par une simple erreur qui en certains cas pourrait amener des suites regrettables; car votre seule affirmation pourrait être l'objet d'un verdict inique et outrageant de la part d'autres magistrats envers l'offensé.

Ne vous formalisez pas de cet avis tout succinct et importun qu'il paraisse, pas plus que du langage virulent de Typhon, et songez du reste que c'est par votre outrecuidance que vous avez provoqué vous-même ce petit coup de fouet stimulant.

En somme ce n'est que pour vous dépouiller de cette vieille écorce de bouffissure pédante, c'est-à-dire pour votre bien, que je prends la liberté grande de vous administrer une semonce aussi inoffensive qu'utile ; et ce qui doit vous consoler de cette légère éclaboussure, c'est que vous n'êtes pas le seul à brouter l'herbe routinière ; car malheureusement une infinité de vos confrères en médecine, soi-disant docteurs, tripotent à leur fantaisie sur la peau de leurs malades, et quand ceux-ci ont passé la barque à Caron sous vos taboches, vous savez non seulement que vous êtes à l'abri de tout reproche désagréable sur votre genre de travail, mais que vous pouvez taillander à merci sur de nouvelles victimes, sans courir le risque d'un seul laisser-pour-compte de vos mémoires splendides.

Nulle industrie, nul négoce, nul office, que je sache, ne possèdent un semblable privilège d'impunité. L'exercice de la médecine offre des avantages uniques et s'étend aujourd'hui avec une rapidité merveilleuse sans le moindre obstacle ; à tel point qu'on ne voit surgir de notre temps nul Mollière, nul Boileau, nul Regnard, pour mettre à jour les sophistications scientifiques dont on use, de crainte de disparaître comme des ombres sous l'influence magistrale des docteurs enrubannés qui sont à la tête de cette boucherie clandestine.

Quant à votre méthode curative, vous procé-

dez aussi à rebours, et ce qui fait que vous mettez la charrue devant les bœufs, c'est que vous
faites marcher la thérapeutique auxilliaire
avant l'hygiène principale; que vous admi-
nistrez les médicaments accessoires avant
d'avoir recours aux moyens naturels; que
vous employez les moyens chimiques à profusion avant d'utiliser les principes bien or-
donnés d'une méthode régulière; que vous allez ainsi à l'encontre de la guérison en entra-
vant la marche de la nature, au lieu de chercher
à aider le jeu de ses éléments puissants de
reconstitution par des moyens rationnels bien
compris.

Mais, avec vos agissements morisques, l'é-
teignoir de Guillotin serait encore préférable
aux échasses fulminantes de Magendie; et si
vous ne voulez sortir de ce cercle vicieux
d'expédients thérapeutiques; si vous restez
toujours encroutés dans ce chenil d'alchimie;
si vous êtes sourds comme des battoirs de
raquettes avec du cérumen de taupe plein les
oreilles; si vous avez les yeux envahis par des
corolles d'enchymoses routinières, ou gonflés
de saburres rétrogrades; le front plein d'oracles
d'antidotes ou d'aphorismes hétéroclytes; l'o-
dorat scientifique insensible sous l'obstruc-
tion de vos antithèses babyloniennes; les lè-
vres empâtées de textes latins apoplectiques;
la langue imprégnée de spécifiques universi-
taires; la bouche majestueuse comme une cor-
nue à concrétion; le menton rasé en musca-
din; les favoris taillés en nénuphar; la
cravate patriarchale; le gilet consistorial; le
pantalon impérial; la chaussure magistrale;

les pendreloques fiscales ; des amulettes d'a-
postats ; des bésicles d'Harpagon ; le chapeau
à claque avec un alérion de Madras ou une
girouette du temps des Ruténes ; ma foi, vous
laissez vos malades dans une position bien
précaire, et le seul conseil qu'on pourrait leur
donner serait de se mettre tous en grève contre
vos traitements amphigouriques, ô véreux docteurs ! ô recteurs de Macédoine ! ô pingouins
de la mer noire ! ô tragiques officieux ! ô pis-
tils d'Agathocle !

Mais d'où sortez-vous ? médecins du diable!
scalpeurs de cartilages ! pastiches de chlo-
roforme ! tripes à boyeaux ! maussades
orphéonistes ! oripeaux de Castille! musaphiz
de malheur ! palus de styx ! esclaves
didactiques ! bâcleurs de prosopopées!
farfouilleurs de pataquès ! pisse-vinaigre !
tricheurs de dialectique! baveurs de para-
doxes ! chinois de paravent ! ratapoils de Pa-
pouasie ! pantins de Pathos ! trucheurs de Co-
rinthe ! hâbleurs de Gascogne ! rodomonts
d'Helvétie ! tronqueurs de chevilles ! sagouins
d'officines ! obstructeurs de coronaires ! grip-
pés-sous ! détrousseurs de bourses ! mégissiers
d'Atropos ! sangleurs de péritoines ! chouri-
neurs de vessies ! sauteurs macabres ! rous-
sins d'Arcadie ! odieux sycophantes ! synco-
pants histrions ! sacreurs de drogues ! pour-
fendeurs d'oripilles ! jongleurs de prolepses !
bâtards du noir Chaos ! tritons d'Australie !
bouffons d'Hippocrate ! amphictions sordides!
rapins de Numidie ! madrés compères ! trouil-
leurs de Vésicules ! bâfreurs de plagiats ! sour-
nois caméléons ! singes aporalytiques ! gour-
mandeurs de nayades! seringueurs de vestales!

frondeurs d'analyses ! compétiteurs du grisou !
quintessences de lys ! guichetiers de Bastille !
carnassiers de gouttières ! félons de Carthage ;
sbires de cassade ! métis d'Attila ! basilics dé-
froqués ! byzantins tropoglytes ! brûleurs de
clerges ! paragons d'Esculape ! chacals de ta-
verne ! chaffoins de gattine ! scorbutins d'Andrinople ! carlins de Sodôme ! Niémens de sophismes ! robes de Nessus ! larves de népo-
tisme ! siliques de Gomorrhe ! cothurnes de
Pandore ! gluaux de primiciers ! engrais de
routine ! glaneurs de pistoles ! appeaux de Cé-
raste ! cerbères de Pluton ! digues d'éclectisme !
quinquets de diathèses ! marnes d'apothicaires !
brigueurs de barbaroux ! ô pingres ! ô Thersi-
tes !! ô rabouleurs de pimbêches !!!

O humanité ! de quelles verges n'as-tu pas été
flagellée depuis ta venue en ce monde, et sous
quelles fourches caudines ne t'a-t-on pas fait
passer ?

Si l'on pouvait évaluer le chiffre des êtres
humains précipités prématurément dans la
tombe par l'erreur de nos Esculapes, on verrait que la médecine borgne, qui a été prati-
quée jusqu'à nos jours, a fait plus de ravages
dans nos rangs que toutes les guerres à la fois !

Tas d'empoisonneurs !
Tas de charcutiers ! !
Tas de...
— **Assez !!!**

LE MAIRE

En patache constitutionnelle et à propos
d'agitation révolutionnaire, un riche proprié-

taire-foncier, maire de sa commune, déclarait ostensiblement qu'il avait le bonheur de posséder les mêmes fermiers depuis 40 ans, et ajoutait avec un accent patibulaire que ces pauvres diables n'étaient pas plus avancés qu'au premier jour.

Heureux propriétaire, lui dis-je, que de gredins envieraient votre sort ! Vos fermiers ont de la chance d'être à votre service, et vous devriez soumettre cet exemple aux anarchistes en vue de clore le litige pendant entre le travail et le capital.

— Oh ! c'est facile, il n'y a qu'à faire trois parts : travail, intelligence, capital, et répartir leurs attributions selon le mérite.

— L'intelligence est superbe ici dans son rôle, et c'est là du nouveau en effet : à votre idée cette intelligence ne se concilie donc pas directement avec le travail ni avec le capital ?

-- Pas précisément, à mon avis.

— Alors comment estimerez-vous ce mérite intellectuel pour en fixer la juste part, et de quel côté l'attribuerez-vous enfin, puisqu'il n'y a en jeu que les travailleurs et les capitalistes dans cette partie ?

— Ah !....., c'est pour en favoriser les capitalistes.

— Et quelle part ferez-vous enfin aux travailleurs ?

— La plus réduite possible, un salaire suffisant toutefois, rien au-delà.

— Et pourquoi favorisez-vous à ce point le capital au détriment du travail ?

— Eh ! c'est que la part de l'intelligence, étant la plus méritoire, est l'attribut spécial du patron et revient ainsi de droit au capital ; parce que l'ouvrier n'est qu'une machine inepte que le patron façonne à son gré pour son usage, et que sans cette faveur due au mérite il n'y aurait pas de capital possible, partant pas de patrons non plus. Que feraient les ouvriers sans patrons ?

— Oh ! c'est bien imaginé ce jeu là et votre raisonnement est assez judicieux, jusque là du moins ; car ici le patron fait preuve d'une intelligence remarquable en ne laissant à l'ouvrier que le strict nécessaire à son existence misérable, en échange de son labeur et de son savoir pratique. Il est de fait que le patron n'aurait rien pour lui s'il laissait à l'ouvrier le produit intégral de son travail, et en cela le patron est certes bien avisé de s'emparer de toute la marge du produit travaillé ; puisque c'est de cette façon qu'il peut faire organiser l'outillage nécessaire pour l'exécution du travail, etc. Cependant les frais de cet outillage et de tout ce que prélève le patron en maître absolu, n'en constituent pas moins une première spoliation au détriment de l'ouvrier (sur ce le maire se lève de son haut et prend un air courroucé), et en cumulant ainsi les plus grands avantages en sa faveur dis-je, (le maire se calme et s'assied) le patron fait ainsi preuve, il est vrai, d'une aptitude *intellectuelle* qui consiste à opérer l'addition des bénéfices bruts et à soustraire les frais avec la main-d'œuvre pour mettre tout le reste dans sa poche.

Oh faculté divine de l'intelligence ! quelle force de calcul ! quelle belle imagination !

qüel rôle honnête et distingué que celui du patron !

Voilà donc pourquoi le travailleur en est
réduit encore au salaire, le salaire subordonné
à l'esprit *intellectuel* du patron, et par quelle
machination méritoire, étonnante, merveil-
léuse, le patron forme le capital.

Ah ! si vous employez un moyen analogue à
l'égard de vos administrés, votre procédé est
doublement édifiant, Monsieur le maire.

Mais, dites-moi, ce résultat prodigieux se
compose uniquement de tout ce que le patron
a soustrait à l'ouvrier, et c'est alors le patron
qui se prépare une addition colossale à solder
à l'ouvrier tôt ou tard ; car tout se compense
et se retrouve à la fin, quoique l'on fasse pour
chercher à s'en distraire.

Eh bien! Ne voyez-vous pas que le patron
sera obligé de restituer ces larcins quand la
Justice apparaîtra?

— Oh! l'imbécile! il est fou, murmure
le maire.

— Somme toute, cette restitution ne vien-
dra pas salir les mains des travailleurs, et il
ne s'agit que d'une liquidation complète sans
restriction; mais, poursuivons: c'est en suivant de tels errements, que les patrons
tendent à devenir capitalistes, que les capitalistes deviennent financiers, afin de cumuler
plus amplement les larcins; puis, que ces
« voleurs en gros » n'ayant d'autre souci que
de manger bon et de boire sec (sur le dos des
travailleurs), traduisent cette magnifique
part d'intelligence capitalisatrice en titres (ou
bons à tondre les ouvriers à satiété), et agio-

tent là dessus à la Bourse sur la peau des
petits capitalistes-gogos, au moyen de compères appelés « agents de change ».

Bouquet !

Voilà des intermédiaires bien nommés,
hein ! Car ils arrivent à point pour donner le
change aux financiers à leur tour, en leur
faisant voir du bleu à tous aujourd'hui.

La prophétie de X... le dit: en l'an de grâce
1883, les finances devant tomber en marmelade,
les financiers se verront obligés de travailler
pour vivre. Or, comme ils connaîtront tous les
trucs, ils ne se laisseront pas duper et diront
comme les anarchistes: plus de capitalistes !
plus de voleurs ! (le maire étouffant de rage
fait mine de sortir, mais sur un coup d'*aï* du
conducteur le maire trébuche et tombe ahuri
sur la banquette).

Attendez, monsieur le maire, et ne vous
épouvantez pas pour si peu, voici la morale:

A chacun son droit selon ses œuvres, et la
justice pour tous, tout est là, d'où je conclus
que le danger social c'est la misère des travailleurs, et l'ennemi véritable de la société
c'est le *fisc*, foyer de corruption d'où le régime
de la pièce de cent sous est imposé arbitraire-
ment à tous ceux qui produisent, pour
engraisser les abus et ne recevoir eux-mêmes
que des fiches de consolation dérisoires sous
le nom de salaires, comme les petits écoliers
reçoivent des bons points d'un maître d'école
hargneux et stupide.

Que les ouvriers se pénètrent bien d'une
chose: c'est que du jour où le travailleur a
accepté un salaire, il s'est fait le mercénaire

d'un fripon subtil, et a offert lui-même le fouet à un maître pour se faire rosser à discrétion.

Voilà certainement le point de départ de la subversion par laquelle on se sert des propres deniers de l'ouvrier pour river les maillons de sa chaine d'esclavage; mais il ne faut pas s'arrêter par trop sur la réalité de ce vice, et il est bon de considérer par contre le motif qui a légitimé cette rapine honteuse sans la justifier toutefois. Ce motif provient de l'état d'ignorance et de sauvagerie où se trouvaient les travailleurs avant la création du système monétaire; de sorte que la nécessité de cette règle odieuse, la loi de cet empiètement usurpateur, ont eu pour excuse l'urgence de la situation par suite de l'incapacité et de l'inaptitude des travailleurs à se tirer d'embarras eux-mêmes.

Ce système déshonnête, exécrable, a donc eu sa raison d'être et son utilité aussi; mais, il a fait son temps, et à présent, l'urgence de la situation, la sécuritté de tous, commandent de l'abandonner sans hésitation ni crainte pour aucun de nous.

Enseignement discret : les plus favorisés du jour, ou prétendus tels par leur position de fortune, sont précisément ceux qui ont intérêt à entrer les premiers dans la mesure réformatrice; car ce sont les plus compromis dans la subversion et les plus exposés dans la bagarre où nous sommes enfoncés jusqu'aux aisselles.

Du reste dans la nouvelle application qui s'impose impérieusement sous l'action d'un nouveau moyen aussi bienfaisant qu'irrésistible, les plus fortunés n'ont rien à y perdre et n'auront en outre qu'à y gagner en satisfactions.

Il ne s'agit ici ni de partage ni de spoliation, mais d'une répudiation de système et d'un rejet de régime, rien de plus.

Après cela, si les millionnaires du jour tiennent à leurs « monacos », ils seront libres de s'arranger entr'eux comme ils l'entendront, et de se voler à leur gré.

Quant aux travailleurs, ils sont tous bien décidés de leur côté à former une société anonyme, sans commandite, sous la dénomination de :

Compagnie libératrice des trinquemailles.

Raison sociale: Badin, Gay et Lefou.

Directeur gérant : Lacour des Ruynes.

Majordome : Vinard de Bâfretout.

Avec les insignes d'un bélier noir aux cornes dorées, dont la légende est renfermée dans l'énigme suivante :

Anguille sous roche.

« La séparation de l'église et de l'État. »

Problème insoluble, filière interminable de trucs; traduction indéfinissable; métamorphose multicolore; composition disparate et hétérogène; animal sans queue ni tête se dérobant au toucher et disparaissant en feux-follets bleus, blancs, verts, jaunes, gris, rouges etc.; produit inodore aux flairs les plus subtils...

Ce que voyant, le bélier en fureur, se rue à coups de cornes sur le faux-frère, le met en pièces, groupe les débris, brouille les cartes sens dessus dessous, coupe, retape, met le tout dans un récipient, lève la jambe gauche de derrière, pisse dessus ce salmis, fusionne, agite, secoue et bouche hermétiquement.

Après force gambades, tirades, sauts de mouton, le bélier s'approchant du récipient, y colle son oreille, écoute l'ébullition, voit la fermentation s'opérer, et, débouchant la bouteille, met son nez à l'orifice.

Pouah! qu'as-tu donc dans le ventre, ma pauvre Marie-Jeanne?

— Regarde:

Etat, Culte, Pouvoir.

Eglise, Divinité, Autorité.

— Accouche-donc, Peste!

Alors, apparaît le plus magnifique Chaos que jamais la Terre ait porté dans ses flancs.

Dieu! que tu es beau.

Il va de soi évidemment que le travailleur apte à se diriger lui-même, ne veut plus être à la merci d'un rétributeur improvisé au moyen de subsides détracteurs du travail, et cherche à s'affranchir de ces entraves honteuses et avilissantes.

A force de se rendre compte des difficultés et des exigences de la situation, d'être asservi par un état de mesures obsessives et arbitraires, de se voir soumis à des lois abjectes et absurdes, il veut enfin s'exonérer d'une servitude odieuse et répugnante.

Pour se libérer de toute entrave, pour rompre sa chaîne d'esclavage, il n'a donc pas d'autre moyen que de rejeter les salaires, et il n'est plus en peine de se garnir le ventre différemment. Voilà le hic.

Arrangez-vous, messieurs les matadors, les financiers, les capitalistes, les patrons, les propriétaires, comme vous l'entendrez, ou plutôt comme vous le pourrez, sans le concours des ouvriers et des cultivateurs. Nous verrons comme vous vous en tirerez avec vos habitudes routinières, vos lois révoltantes, votre système abusif, votre règle vicieuse. votre culte abominable et vos mœurs obscures, quand vous serez obligés de les appliquer entre vous.

Et quand vous aurez reconnu par vous-mêmes les abus et les vices de votre système, que vous aurez éprouvé à votre détriment les effets calamiteux de votre règle de salaires, vous verrez alors le danger de s'en servir à cette heure et reconnaîtrez l'urgence de s'en affranchir. C'est le cas actuel.

Si ce régime a eu son utilité pendant long-temps, (ce qui est incontestable) il n'en faut pas conclure pour cela qu'il est indispensable et qu'il ne peut finir. Chaque chose a son temps, chaque application a son moment favorable; mais, tout varie, tout change, tout a une fin, tout se renouvelle: rien ne peut résister à la loi naturelle de transmutation périodique et inéluctable qui nous dirige.

En nous reportant aux temps reculés, antérieurs au système monétaire, on peut objecter il est vrai que les maux étaient encore bien plus profonds sous la sauvagerie des barbares qu'en l'état de notre civilisation, et que le système monétaire a été par conséquent un progrès pour faciliter les rapports qui ne s'effectuaient alors que par l'échange des produits, marchandises, bestiaux contre d'autres objets de nécessité.

C'est exact, mais ce progrès était propre à cette époque, et ce n'était en définitive qu'un adoucissement aux mœurs sauvages, qu'une répercussion subtilisée de barbarie par un procédé moins violent mais aussi pernicieux. Ce n'était pas un remède contre l'injustice, c'était un simple palliatif contre la brutalité des mœurs. Il y a analogie parfaite entre ces temps de sauvagerie et notre civilisation raffinée et pourrie: c'est que le commencement et la fin du système monétaire sont les deux extrêmes qui se touchent, se heurtent, se fondent et se détruisent par eux-mêmes, pour faire place à un ordre de choses tout différent, tout nouveau et meilleur.

Ce n'est pas en arrière qu'il faut chercher sa voie, mais en avant; car nous ne sommes pas faits pour marcher comme les écrevisses, et les points de vue rétrospectifs ne doivent servir que pour voir la marche opérée depuis notre départ, et non pour servir d'exemple.

Aujourd'hui, le système monétaire a vécu, et il est avéré non seulement qu'il devient insuffisant, vicieux, anormal, insidieux, subversif, inique, monstrueux et barbare, mais surtout périlleux pour ses promoteurs et dangereux à l'excès pour toute la Nation.

Par contre, il est positivement reconnu que le progrès économique véritable, réel, plein et sans restriction, rejette et réprouve sans réserve le système monétaire pour le remplacer avantageusement par une règle sure, certaine, immanquable, équitable et définitive pour le *bien commun*, pour la *grande propriété publique*: **la Terre** !

Cette règle est celle de la science économique qui *seule* est susceptible de compenser les

efforts, aptitudes ou talents de chacun, sous
la garantie d'une justice non équivoque par
une magistrature digne et responsable.

Et le moyen qui justifie, nécessite et oblige
la société à l'application forcée de cette règle,
consiste dans l'*instrument public* tant cherché
et enfin découvert: **la Clef du Progrès!**

Or, dès l'instant où l'on peut disposer de la
faculté de mettre en œuvre le *grand moyen
matériel* pouvant parer à toutes les exigences
du travail qui ont entravé l'agriculture et
l'industrie jusqu'à présent, au point de vue
d'une production abondante, et à subvenir
facilement à tous les besoins de la société
dans l'intérêt général, on peut enfin entrer
sans crainte ni inconvénient dans la règle de
solidarité infaillible entre les travailleurs, et
former un faisceau compacte de toute l'humanité sous une même obligation: **le
Civisme!**

Disons donc adieu sans hésitation ni regret
au régime arbitraire et néfaste qui s'en va;
puisqu'en nous débarrassant des iniquités, et
des dangers des subsides subversifs, nous
pourrons nous mettre à l'abri de toutes les
turpitudes, sans léser les droits d'aucuns et
au profit de tous.

Voyons bien le fond des choses; ne nous
leurrons pas de mots superficiels en les exa-
gérant non plus dans leurs effets, comme s'il
s'agissait de prendre la lune avec les dents
tout d'un coup, et comprenons enfin que: pour
obtenir l'ordre nécessaire, et assurer la paix indispensable à la pratique du progrès, il faut que
nous nous assurions bien auparavant de nos

dispositions effectives par la connaissance de
nos aptitudes et l'état réel de nos forces
morales, à seule fin d'être en mesure de nous
sevrer de tutelle en nous passant de maître.

Nous devons nous soumettre à une direction
bien tracée, nous astreindre à une adminis-
tration bien ordonnée ; mais il importe avant
tout, de ne jamais nous enchaîner au caprice
d'un homme, de conserver toujours notre indé-
pendance complète d'idées, et d'avoir la liberté
complète de nos actions, sauf à en encourir
bien entendu toute la responsabilité envers nos
émules ; car le devoir de chacun fait la liberté
de tous.

C'est là le but suprême qui mérite notre
plus grande attention, et un sujet d'un ordre
élevé qui doit attirer toute notre attention.

Mais ayons confiance en nos grands citoyens
et compatriotes éclairés qui en préparent la
marche, et n'anticipons pas sur l'ordre des
choses pour le moment.

A propos de subsides ou de l'argent compen-
sateur, il est utile de faire une dernière
remarque de nature à être appréciée ou com-
prise par tout le monde, à pénétrer les plus
endurcis, et à convaincre les plus incrédules:

En supposant que le numéraire fût assez
abondant pour traduire les compensations par
une valeur monétaire exactement et fidèle-
ment représentée, et que, soit en échange,
soit en usufruit, on admit que tout posses-
seur fût légalement tenu de justifier pécuniai-
rement des sommes dont il prétend avoir le
droit de disposer comme d'un titre bien acquis
(ce qui devrait être), on verrait alors que rien

3

que la charge d'un petit baudet suffirait à écraser le détenteur sous le poids de ses déprédations, ou bien que les difficultés de transports, risques, embarras, inconvénients, frais, etc. etc., auraient bientôt entravé les rapports, mis un terme à la cupidité des insatiables, ou élevé une digue contre les ambitieux.

Mais, indépendamment des difficultés de toutes sortes que le système monétaire entraîne après lui, des embarras qu'il crée de tous côtés, du vice spoliateur qu'il renferme en principe, et du danger qui en résulte pour la société aujourd'hui; quand on voit de plus en plus les subsides se représenter au moyen de supercheries ignobles ou à l'aide de papiers de tous genres, et qu'en résumé c'est par ces chiffons bariolés qu'une infime minorité de la Nation a tenu constamment le poignard sous la gorge du Peuple, en mettant impudemment aussi la glèbe sous ses pieds, ceci..... est une autre paire de manches, morbleu!

Oh!

Par le bras de Vercingétorix!
Par la loi de Christ!
Par la bouteille de Rabelais! (*où pend son cœur!*)

Le seul moyen de couper court à ces monstruosités révoltantes, c'est d'extirper la racine même du système monétaire, c'est d'exterminer le dieu des filous!

Rejetant néanmoins toute représaille comme indigne de lui, le Peuple, se retranchant derrière le droit commun comme à l'abri d'un rempart d'airain, nous montre clairement aujourd'hui qu'il a pleine confiance en sa force morale et qu'il veut jouer franc jeu avec tous en mettant cartes sur table.

Répudiant, réprouvant la dynamite comme inique et barbare, il se borne donc à opposer froidement:

La paix contre la guerre sociale,

Le Droit contre l'arbitraire,

Le Progrès contre la routine.

Ainsi la vengeance criminelle n'est plus que le lot des despotes inconiscents, s'il en reste.

La clémence magnanime devient l'attribut des peuples ayant atteint l'âge d'émancipation, et se montrant en état de réclamer leur souveraineté sans objurgation d'aucune part.

Tour à tour l'enjeu a été disputé sur un point de mire marquant **0**, et a eu pour résultat *Néant*.

A présent le but marque numéro **1**, et indique la *Délivrance*.

A la belle !

LE CURÉ

Pauvre humanité ! dites-vous, un peu trop plaisamment et à la légère ; mais vous ne vous doutez pas que vous portez à votre insu les insignes de son malheur, l'empreinte de sa misère.

Vous ne vous êtes jamais rendu compte du caractère sombre de votre office sacerdotal.

Vous ne voyez pas que vous êtes vous-même l'exhibition frappante de cette pauvreté humanitaire.

Vous ignorez encore que l'accoutrement lugubre du prêtre en a fait l'image la plus saisissante des vices qui rongent la société.

Vous ne voyez pas non plus que vous portez sur vous les stigmates honteux des calamités humaines : car au lieu de tourner en dérision les maux qui affligent l'humanité, et loin de railler sa pauvreté, vous seriez alors épouvanté de ses désastres.

Vous seriez fou de douleur, si la sagesse vous eût montré les prêtres comme les fantômes vivant du saint-sépulcre et les spectres de la société aux abois.

Bouclé dans votre camisole sinistre et abjecte, vous n'avez plus rien d'humain en apparence.

Rien de plus méprisable ni de plus avili sur cette terre que l'aspect hideux du prêtre en soutane.

Vous n'êtes tombé si bas que pour avoir cherché à vous élever trop haut.

Vous êtes les monstres impurs que votre propre divinité a précicipités aux enfers.

Votre caste est le tableau horrible de l'humanité livrée à votre dieu cruel et barbare.

Vous êtes les sbires de la pourpre romaine, les valets stipendiés des sanguinaires docteurs statuant sur le sort de l'humanité dans leur repaire œcuménique ; mais il faudra qu'ils vident leur sac, ces farouches hébreux d'un nouvel ordre avec leur Sabaoth des hécatombes humaines, et on les obligera à réordonner sur un nouveau pied.

Partout votre vue n'est faite que pour inspirer l'horreur, l'indignation et l'épouvante.

Et lorsqu'il n'y aurait que le martyre capable de vous relever de cette dépravation, vous oseriez encore vous faire l'inquisiteur de l'humanité !

Infamie !

O sainte couronne du martyre ! que tu es loin du front de nos prétendus apôtres du jour !

Par quelle abjection infernale, le prêtre, oubliant les sentiments de la compassion la plus naturelle, est-il arrivé à pouvoir prononcer avec ironie ces deux tristes mots : « Pauvre humanité ! » au point d'en faire une dérision, de les traduire en imposture !

Oh comble de l'égoïsme et de la perversité ! Que sont devenus les vrais apôtres ! Où est l'école des Stoïciens !

Temps héroïques ! Vertus sublimes ! Fleurs de l'humanité ! Vous ne pouvez donc croître qu'au sommet des montagnes, à l'abri de tout contact impur !

Oh certes ! si vous aviez envie de rire, curé de malheur, vous pouviez choisir un autre sujet, vraiment !

Mais cela prouve que vous ne connaissez pas plus la gaîté véritable et saine, que vous n'avez pitié du malheur; car le ricanement stupide et bestial que vous montrez dénote en vous le triste augure qui vit ignominieusement de son rôle pervers, et, pour posséder cette gaîté franche et joviale qui régénère la conscience, retrempe le cœur, il faut avoir la satisfaction d'un emploi honnête.

Ce n'est qu'à l'école du travail que, selon le degré d'efforts en talent et labeur, on puisse obtenir par compensation un degré correspondant de gaîté et de joie, hormis les cas d'insuffisance en aptitudes ou d'excès de peine sous l'influence néfaste de la misère.

Mais loin d'être utile aux autres, vous ne cherchez qu'à nuire à ceux qui répugnent de vous suivre dans la fange divine, et vous n'êtes qu'un parasite de la société.

Qu'est devenue cette gaîté de bon aloi de nos pères, qui leur procurait ces rires fous, éclatants, et répandait autour d'eux ces pamoisons désopilantes, intarissables de joie et de bonheur?

Hélas! tout a disparu pour se confondre dans un labyrinthe de turpitudes grotesques et immorales d'où sort le spleen social, chancre rongeur de l'humanité, et par indifférence ou insensibilité, nous nous laissons entraîner à la dérive de cette accalmie dépressive, sans plus nous soucier des conséquences que s'il s'agissait de chanter matines.

Secouons-donc cette apathie funeste, ô curé flegmatique! chassons cette indifférence coupable; réveillons-nous de cette léthargie honteuse qui nous fait passer inaperçue l'actualité désastreuse de nos mœurs, et cherchons enfin la planche de salut!

En raison de la verte correction de Typhon qui vient de vous chatouiller si agréablement l'épiderme, je vous fais grâce de l'horrible spectacle du champ de bataille de nos misères que vous prenez du coté ridicule comme un troubadour endurci; et vous n'avez pas tous les torts en ce sens; mais voyons un peu où nous sommes, sans plus regarder derrière nous, et sans partialité surtout:

Quel est le fléau qui ravage à ce point la société?

D'où vient le germe de cette peste sociale qui nous étouffe?

Par quel prestigieux mensonge nous a-t-on conduits vers l'abîme?

Quel mobile nous pousse fatalement à notre propre chûte?

Quel est le mystère subtil ou incarné qui plane sur notre déchéance?

Et comment parer à cet effondrement qui prend une extension formidable et terrifiante?

Il s'agit à la fin de voir d'où vient le mal en réalité, d'en découvrir la cause ou l'auteur, de saper cette cause ou d'affronter l'ennemi pour le combattre et le terrasser, si nous voulons éviter de choir avec armes et bagages dans le précipice qui est à nos pieds.

Nous ne pouvons nous dissimuler que cet ennemi implacable nous menace tous sans exception, du plus grand jusqu'au plus petit, et le clergé en première ligne, puisqu'il marche à la tête de la civilisation contemporaine.

Vous, Messieurs les curés, vous êtes donc les plus exposés de tous, vous ne pouvez en douter, et vous avez par conséquent intérêt plus que nous à connaître la vérité quelle qu'elle puisse être, à bien la dévoiler pour qu'elle ne vous laisse ignorer aucun subterfuge du mensonge; car elle seule pourra vous éclairer en vous faisant éviter le danger, et lorsque vous vous serez engagés dans la voie salutaire, nous vous suivrons alors en confiance et de bon cœur.

Dans l'imminence incontestable d'un cataclysme épouvantable par la menace d'une explosion soudaine de cette misère affreuse qui envahit l'humanité par tous les pores, et eu égard aux moyens de destruction dont on dispose de nos jours, il serait de la plus grande imprudence de se méprendre sur la réalité de la position critique où nous sommes enfouis jusqu'au cou, et il importe au dernier point de mettre en pleine évidence la situation pour rompre carrément avec nos erreurs et recourir au grand moyen de salut.

Cherchons la donc de bonne foi cette vérité, d'un commun accord et sans fausse pudeur ni arrière pensée, parceque ce n'est qu'après l'avoir bien reconnue que nous pourrons employer avec sagacité le moyen efficace pour notre rédemption générale et définitive.

Or, pas de faiblesse, pas de bagages emcombrants, et la première chose à faire pour ne pas vous exposer à des faux-pas sur ce chemin aride, étroit et périlleux; c'est de jeter d'abord cette satanée soutane aux buissons du précipice que vous avez vu : ou différemment, si vous bronchez, vou êtes sûr d'y piquer une tête, je vous le dis en ami.

Bien! à présent touchez-là et à l'œuvre.

Si la société est dans une position critique et dangereuse, quelle en est la cause?

N'est-ce pas, en vérité, le triste effet du régime néfaste qui nous régit?

Notre république comme toute autre, n'est-elle pas une monarchie déguisée?

La monarchie ne prend-elle pas sa source dans la règle fiduciaire?

Cette règle n'a-t-elle pas pour fondement le système subsidiaire ou monétaire?

Ce système monétaire ne provient-il pas directement et uniquement du culte idolâtre que les forts ont imposé aux faibles?

De quel droit?

Du droit divin par l'arbitraire du pouvoir absolu, n'est-ce pas? Autrement-dit du droit du plus fort par le subterfuge d'une idole et moyennant le concours chimérique d'un mythe insaisissable ou éphémère.

Or, le principe de la monarchie, ou l'origine de nos maux, nos calamités enfin ne proviennent que du régime absolu que le culte exécrable de la divinité nous a apporté.

C'est indéniable.

D'où vient donc ce culte néfaste, et qui nous a imposé ce régime calamiteux et abrutissant, si ce n'est cette caste de clercs qui, de son libre arbitre et de temps immémorial (c'est-à-dire depuis que le système idolâtre existe), s'est emparée subrepticement du pouvoir, dans un but louable sans doute, mais frauduleusement et sans aucun droit.

— Est-ce à dire qu'on puisse leur imputer à crime le fait de diriger les peuples sous le culte d'un dieu?

— En réponse, je dois d'abord vous demander si vous pouvez admettre en principe légal que « la force prime le droit ».

— Evidemment non; mais quelle faute reprochez-vous à cette caste?

— L'usurpation la plus flagrante et la plus

audacieuse sur le droit commun de tous les hommes, qui sont égaux par les lois de la nature et libres en vertu de son principe. Ce serait non-seulement une faute, mais un crime de lèse-humanité, s'il n'y avait des circonstances atténuantes qui militent grandement en faveur de vos amis.

— Et qui peut alors s'ériger en juge accusateur dans un cas de cet ordre?

— En accusateur! personne, je le suppose, à moins qu'il y ait quelqu'un qui put se dire lui-même exempt de toute faute, et ce n'est pas Typhon qui s'aventurerait dans une pareille affirmation; mais cela n'empêche pas la censure au point de vue de l'intérêt général, et d'opter du côté le plus juste en cherchant à faire la balance des fautes de part et d'autre.

— Mais vous êtes bien présomptueux et bien téméraire de vous initier en cette occurrence, seul, et sans y être autorisé par personne.

— Bien moins qu'il y a de l'incongruité dans votre objection, mon incorrigible adversaire. Tudieu! comme vous êtes alerte à la riposte depuis que vous n'avez plus votre soutane, mon fiston, et vous avez le goût du fagot vert; car vous prenez votre homme à l'improviste et vous ne lui donnez pas le temps de souffler, mon fier cadet!

A la bonne heure! Sabrez, rétorquez mes arguments sans gêne ni scrupule; démolissez mes raisons, si vous le pouvez, avec l'arme de votre choix, je vous l'accorde; mais ne prétendez pas m'empêcher d'exprimer mon opinion de la manière que je l'entends et comme elle doit être rendue; car s'il me fallait prendre des gants littéraires, employer vos péroraisons fatidieuses, user de tournures emphatiques, et me plier aux formes méticuleuses de vos démonstrations, j'en aurais pour vingt ans avant de pouvoir vous dresser votre menu bien cuit à point et vous servir dans les règles.

Mais quelqu'impétueuses ou détournées que soient vos ripostes, je ne les éluderai pas, soyez-en persuadé.

— Allez-y donc, et donnez-moi satisfaction, ou retirez-vous du champ de la discussion.

— Oh ! oh ! vous êtes impitoyable pour un point à vous rendre, et avec vos prétextes futiles et intempestifs, vous sentez votre fruit d'une lieue à la ronde. Or vous ne perdrez rien pour attendre, et pour que ce soit plutôt dit je vous accorde la juste satisfaction qui revient à vos clercs privilégiés, en reconnaissant l'excuse plausible qu'ils peuvent alléguer par la nécessité qui les a obligés à empiéter sur le droit du peuple enfant, mais en réservant intact celui du peuple adulte, qui devient imprescriptible et inattaquable.

C'est en vertu de ce droit populaire que, de même que le premier venu, je veux avoir la liberté d'exprimer mon opinion et ne pas m'en laisser frustrer par personne.

J'userai donc de ce droit en opposant une dénégation formelle et péremptoire au *droit divin usurpateur*, et pour ne pas prendre vos amis en traître, je quitterai pour un instant la trique de Typhon en me servant de la même arme que les chefs de l'orthodoxie catholique ont exhibée en prétendant gouverner les peuples ; mais par une arme véritable, un moyen positif, et non par une arme fictive ou un moyen illusoire, comme ils l'ont fait.

— Ah ! s'il en est ainsi, cela devient intéressant, et de quel moyen voulez-vous parler?

— De la fameuse clef de saint Pierre, mon mouton : la connaissez-vous en principe au moins ?

— La clef du paradis terrestre, je crois bien ; ouvrez la porte alors.

— Paradis terrestre ou progrès sont synonimes et équivalents ; mais avant d'utiliser le moyen et de faire la clef, il est indispensable que nous soyons tous d'accord sur la marche à opérer, pour entrer dans le progrès en bon ordre, absolument comme les moutons passent un gué à la suite du premier qui a frayé le passage, soit dit sans offense.

Ce n'est pas que le premier vaille plus que les autres, mais pour arriver à la fin il faut toujours un commencement et c'est ainsi que mère Nature nous l'apprend.

La grande difficulté qui entretient le mésaccord entre nous et met le désordre dans nos rangs vient précisément de cette divinité usurpatrice qui brouille nos cartes en nous comptant des sornettes et voulant nous faire voir *noir* ce qui est *blanc*.

Nous ne sommes pourtant plus aux temps où l'on gravait les superstitions dans l'esprit des populations comme dans un roc imperméable, et l'on s'aperçoit de plus en plus de la supercherie de ces fastueux décors qui dissimulent habilement le mystère de la sainte trinité des corbeaux.

Mais laissons ces détails d'enfants terribles, et voyons à présent l'œuvre de ces clercs, dépositaires sacrés de la science divine qui, au moindre contact, disparaît, s'évapore et s'éclipse à tous les vents sans laisser la moindre trace de sa présence ou de sa réalité.

En effet, leur fausse doctrine théologique, ces dogmes éphémères avec lesquels ils formaient l'essence divine, ne sont dûs qu'au mirage trompeur de leur imagination par suite d'un exercice de polyèdre d'optique retourné en tous sens, et ne proviennent alors que de l'effarement de leur esprit dévoyé dans les abstractions en l'air de la philosophie ou des déductions métaphysiques poussées hors de raison.

Le principe de la vie éternelle, qui a donné lieu à la fable de la divinité, part évidemment d'un sentiment élevé, reflète une idée sublime, et repose sur des conjectures bien fondées ; mais le fait de se lancer dans le vide à perte de vue, et sans espoir de rencontrer un point de jonction quelconque à notre portée, constitue une aberration des sens intellectuels et dénote une absence de raison.

On doit reconnaître toutefois, qu'en l'absence de tout moyen propice à opérer la jonction, la combinaison imaginaire de la divinité était savamment trouvée, le palliatif utile et en rapport avec l'état arriéré des peuples ; mais d'essence fictive, ce dieu décrépit devient à présent une monstruosité dangereuse qu'il faut extraire de nos mœurs à tout prix, en nous libérant de cette idole aussi funeste que dérisoire.

Or ces clercs, égarés dans leurs recherches vers l'infini, revenus bredouilles de leurs pérégrinations célestes, éperdus dans leur douleur de se voir réduits à l'atrocité d'une règle aussi odieuse que celle du culte divin, ont avoué eux-mêmes leur impuissance, ont reconnu leur néant, en se prosternant de désespoir et à plat ventre aux pieds de l'idole exécrable de la divinité, en adorant ce dieu épouvantable de l'argent.

Bref, et faute de mieux, l'homme érudit s'était arrêté à la fable de l'Olympe, et jeté à corps perdu dans ce régime monarchique destructeur, en se soumettant à la loi néfaste de la divinité. Cela explique que cette loi a eu une certaine raison d'être jusque-là; mais n'empêche pas que, de même que toute chose en ce monde, elle ait également un terme d'arrêt, et qu'en l'état actuel elle ne tombe à son tour en décrépitude sous l'action de sa propre caducité fondamentale, en vertu de cet axiome : *toutes choses se meuvent à leur fin.*

C'est donc par l'effet de leurs errements équivoques, et à la suite de leur impuissance avérée, que les fondateurs du culte divin, nommé catholique ou universel en conformité à son principe par l'orthodoxie des docteurs de l'église, ont persisté dans la loi idolâtre du paganisme qui était identique dans le fond, puisque le principe a été le même par continuation : *l'argent.*

Néanmoins des améliorations sérieuses furent apportées dans l'exercice de ce culte, et l'avènement de Jésus fut un progrès incontestable dans cet intervalle entre le paganisme et le catholicisme ; mais ne pouvant mettre en usage dans son entier la doctrine *libérale* du Christ, faute d'un moyen pratique pour son application intégrale (la clef), les pères de l'église catholique furent obligés de consacrer toujours le culte universel de ce dieu d'argent. sous un travestissement du paganisme, en continuant ainsi à perpétrer le système monétaire servant de base au régime monarchique déjà existant et qu'ils ont bien amélioré.

Cette règle, bien que monstrueuse, était iné· vitable alors que pas d'alternative meilleure ne se présentait. C'était une fatalité, ou plutôt un signe des temps, un étiage de civilisation.

Pressés par la force des événements, et quoique pénétrés du mal que renfermait une loi aussi odieuse que pénible à imposer aux peuples ; obligés d'adopter une règle aussi atroce· que celle du Fisc pour pouvoir parer à de plus grands maux encore, la barbarie ! les pères de l'église imprimèrent alors *les stigmates du mal* d'une manière tangible aux officiants de leur caste, en obligeant les prêtres du sacerdoce à porter *cette soutane affreuse* comme signe de deuil de la société livrée à l'ignominie de ce *dieu infect.*

Ce sacrifice obligatoire indique seul le sentiment pénible qu'éprouvaient ces nobles pères de l'église à employer un moyen aussi obsessif envers les peuples, montrait leur horreur du mal tout autant que leur ardeur pour le bien, hélas impraticable en ce temps !

Ce vêtement lugubre et sinistre fut donc imposé aux apôtres du culte divin comme *la marque infamante* de l'homme cloué toujours au pilori de l'arbitraire, et ce deuil commandait en même temps à ces secteurs l'obligation de se soumettre avec abnégation et dévoûment à cette loi permanente, en renonçant aux joies de ce monde et acceptant l'austérité sévère du sacerdoce.

Loin donc de leur faire un crime de leur impuissance à obtenir le bien, c'est-à-dire de trouver la clef du progrès, on ne peut que reconnaître à ces pères leur désir d'y parvenir en ayant fait tout leur possible à cet effet, et ayant cherché à arrêter les effets du mal par tous les moyens en leur pouvoir.

Mais que d'efforts, que de luttes n'ont-ils pas eu à soutenir, et combien peu ils ont été secondés par leurs propres secteurs qui, pour la plupart, n'ont jamais su les comprendre?

Débordée par les excès de ses officiants, entravée par les écarts de ses secteurs mercenaires de tous ordres, cette pauvre église catholique, bâtie sur la fumée d'un dieu éphémère, a dû subir inévitablement bien des attaques provoquées par les vices déplorables et honteux de ses propres sujets.

Des concurrences inquiétantes s'étant manifestées par d'autres castes, au rabais de certaines singeries ou par des dispensations quelconques, c'est alors que Loyola vint à la rescousse de l'église, et, se vouant volontairement à des privations excessives soit pour sonder le degré de ses forces morales, soit pour expier à l'avance ses fautes ou méfaits, il entra hardiment dans la lice en cherchant à contrebalancer un grand mal par un moindre

au début, et cela moyennant force piastres,
sortilèges ou eau bénite ; afin d'enlever le pion
aux adversaires en faisant tomber la balance
de son côté.

Il y réussit fort bien, le gaillard, et sortit
finalement victorieux du tournoi ; mais le
point d'appui manquant à sa règle, son édifice
étant privé de fondation solide, il avait compté
sans son hôte, le **Peuple invulnérable !**
dont il sauvait la carcasse, il est vrai, mais en
lui laissant un germe de vénin divin dans le
cœur.

Aussi y eut-il du grabuge plus tard dans les
rangs du peuple qui par ses émeutes s'enfer-
rait lui-même en donnant dans le piège ; et
c'est ainsi que nous avons passé par toutes les
péripéties d'obsessions, d'horreurs, de cruautés, avec accompagnement de guerres régici-
des, fratricides ou de prétendues religions;
sous les cerbères religieux qui gardaient nos
pénates.

Il faudrait vraiment se boucher les yeux
pour ne pas voir les palinodies de ce triste ma-
nége tyrannique ou despotique qui n'a en résumé d'autre origine que la divinité odieuse,
subversive et insidieuse à l'excès, dont nous
avons parcouru toutes les étapes heureusement.

Et c'est ce culte burlesque, grotesque et
fantastique que vous osez appeler : *la religion ?*

Comment faut-il se conduire alors pour être
irreligieux, si l'on doit se guider sur le culte
immoral, impudique et dégradant de ce dieu
d'argent !

4

Faut-il que ce soit Typhon, soulevant les détritus divins avec son gourdin, qui vous montre que le catholicisme basé sur l'adoration de l'or, est de ce fait un culte païen dans toute l'étendue du mot ?

Que c'est la négation la plus complète du christianisme dont la doctrine seule mérite le nom de *religion*; car la morale de Jésus dit: *aimez-vous les uns les autres*; tandisque le catholicisme avec son subterfuge monétaire nous oblige au contraire à *nous dévorer entre nous*.

Certes, le nom de chrétien, équivalent à celui d'un homme de bonnes mœurs et d'un bon citoyen, n'appartient pas aux prêtres du culte idolâtre, et on ne peut qualifier ces prêtres que par la dénomination de païens pur sang, tout ce qu'il y a de plus païen.

J'en appelle aujourd'hui aux pères de l'église! Holà ! Nicodèmes ! Stratégistes, théocratiques ! Pamphlétaires d'Argus ! En avant ! !

En somme, vous voyez que c'est le monde renversé que cette doctrine divine, et qu'au bout du mensonge, cette divinité finira par prendre tous ces faux apôtres dans leurs propres pièges, s'ils continuent leur comédie.

Car en dissimulant cette divinité plus longtemps sous leur soutane, ils seraient les premières victimes de sa fureur, et elle les engloutirait tous dans sa gueule de sang et de feu.

Ah! Vous ne la connaissez pas, cette divinité féroce et sanguinaire!

Ah! Vous croyez, Jacques Bridaine, qu'ils pourront s'abriter indéfiniment devant l'erreur et l'imposture, pour chasser effrontément cette pauvre mais belle vérité à laquelle ils ont voulu crever les yeux!

Eh bien! s'ils ne baissent pas pavillon, et promptement cette fois; s'ils ne cessent leurs tirades de capricornes vous verrez comment cela tournera pour eux, et nous les regarderons jouer à cache-diable en marquant le jeu à notre tour.

Ce serait un beau spectacle pour le peuple!

Trêve à l'ironie, il n'y a donc rien d'étonnant à ce que les apôtres divins, las de se sacrifier en pure perte, enfreignent peu à peu la sévérité d'une règle aussi pénible et cherchent par tous les moyens à se débarrasser de cette loi inique, en marchant sur ses vestiges comme des argousins, et en se livrant aux cabrioles les plus désordonnées.

D'autre part, que les hommes du peuple se montrent de plus en plus hostiles à cette loi divine; puisqu'elle n'aboutit qu'à des turpitudes aussi détestables pour eux que pernicieuses à la société.

Mais il ne suffit pas que les prêtres fassent fi de leurs obligations sacerdotales, il faut, pour être conséquents avec leurs œuvres et logiques avec eux-mêmes, qu'ils aient la force de renier enfin un office aussi honteux que dégradant pour tout homme qui sent battre quelque chose sous la mamelle gauche!

Différemment, il n'y aurait que deux moyens bien rigoureux pour les forcer à respecter leur office sacerdotal auquel ils ont consenti librement et dont ils se servent de manteau pour couvrir leurs actes immoraux : ce seraient

un double harnais de force ou une mutilation
impie.

Choisissez pour eux entre ces cordes horri-
bles ou ce sacrifice viril, ô homme ! d'avec
votre libre-arbitre sous votre obligation civile,
ô citoyen !

Après cela, si vous prétendez encore assujettir les hommes au culte infâme de votre
Dieu, les tenir sous le joug païen de votre idole,
leur faire plier le genou devant votre autel
sacrilège, scander leur conscience à l'ombre
d'une cellule, les conduire par un collier à
l'abattoir divin, les enchaîner eternellement au
système monétaire, les ravaler au-dessous du
vil métal ; il faudrait pouvoir ramener les peuples aux temps barbares des druides.

Sang et Misère ! Vous n'êtes plus de taille à
opérer ce tour de bâton, ni assez puissants
pour imposer plus longtemps ce *veto* ; et l'on
va, au contraire, arracher les tenailles divines
d'entre les griffes des tyrans, enlever les armes
de la routine des mains des despotes, et sortir
à jamais les clous du Crucifié de Golgotha.

Ainsi :

La monarchie despotique va être remplacée
par l'anarchie libératrice ; le pouvoir d'un seul
va faire place à celui de tout le monde ; au
désarroi de la chancellerie va succéder la régu-
larité d'une organisation sociale bien ordonnée ; à notre constitution provisoire, un édifice
solide et définitif ; au désordre dans les rôles,
une juste répartition dans les fonctions ; à la
confusion des prérogatives, les attributions
bien distinctes ; à l'équivoque juridique, la
responsabilité administrative ; au culte catho-

lique pernicieux, le christianisme régénérateur.

Et n'allez pas prendre surtout les dynamiteurs pour des anarchistes, car ces imprudents insultent l'anarchie en se disant progressistes, comme vous frondez la religion en vous posant comme apotres du Christ.

Car la monarchie a pour instruments : Dieu, le sacrilège et le mensonge; pour moyens, la guerre, le crime et l'injustice.

Mais l'anarchie véritable a pour moyens : la paix, la justice et le travail, par l'instrument du Progrès et sous l'égide de la Liberté.

Il n'y a que deux régimes politiques : monarchie ou anarchie, avec ou sans maître, esclave ou libre.

Vous pouvez opter sciemment entre les deux.

Qu'on s'étonne, après toutes les jongleries qui ont cours, de voir les esprits en déroute, ainsi qu'un débordement impudique et grotesque dans les mœurs !

Peut-on démoraliser, avachir, aplatir l'humanité sous une comédie aussi sordide, sans péril?

Allons! laissons ces loques infectes, et suivons à présent l'ordre de ce désordre.

Partant du culte idolâtre qui impose la monarchie et qui nécessite la règle du système monétaire, il était rationnel que ce *dieu de convention* nous octroyât par ricochet le principe spoliateur hors ligne qui nous gouverne: *l'impôt frondeur prélevé sur les masses par le Fisc*, d'où viennent toutes les iniquités sociales et par suite toutes les misères humaines.

A présent que la peste financière s'est répandue dans la partie la plus notable de la société, que le vol est organisé sur une large surface par le monopole des grandes compagnies, que l'industrie est livrée à la fraude, le commerce en proie aux abus, que le sacerdoce du culte bien nommé marche à l'unisson en faisant chorus dans ce charivari tintamaresque par le lucre spoliateur d'un trafic de même acabit que les susdits et qui a nom « fabrique de l'église »; nous pouvons donc nous donner la main sans crainte entre tous, de bon cœur et sans rancune, et partir en guerre de concert contre l'Ennemi commun qui infeste l'humanité entière, et nous tient sous le joug le plus abominable par le moyen du monstre idolâtre ou du dieu du mal.

Car l'argent est l'arme du despote; avec le dieu de corruption il est tout-puissant pour le mal, et incapable de faire le bien; et toutes les guerres, tous les crimes, tous les vols, tous les dénis de justice, n'ont pas d'autre cause première que ce maudit argent.

Traquons jusque dans sa caverne ce dieu d'en-bas, cet infâme Wirta, ce démon à trois têtes qui tient le soleil captif, qui nous cache la lumière de la vérité; ou sinon cet ennemi implacable et perfide nous dévorera jusqu'au dernier, si nous persistons à le garder comme idole, et au point où nous en sommes avec cet argent, il n'y a pas d'autre perspective pour nous, qu'une lutte acharnée dans les expédients, qu'une guerre sociale sans trêve ni merci, jusqu'à ce que nous en viendrons à nous manger les uns les autres comme des cannibales.

Et quand le dernier gredin, le dernier fripon, le dernier filou, le dernier voleur, le dernier scélérat, le dernier bandit, le dernier brigand, le dernier pillard, le dernier assassin, seront à se regarder le blanc des yeux pour se partager leurs victuailles, qu'arrivera-t-il, je vous le demande, mon pauvre dégommé?

Oh, malédiction sur l'or!

Eh quoi! la nature ne nous montre-t-elle pas assez sa puissance par l'aspect imposant de cet univers si bien réglé, pour faire fi de son principe libéral; et ne nous assure-t-elle pas de tous ses bienfaits par le travail pour répudier sans vergogne ses lois de justice et de solidarité?

Courberons-nous toujours l'échine aux pieds du mythe de la divinité?

Serons-nous toujours les dupes de la fable de la mythologie!

Oh honte!

Puisque le moment est venu, que l'heure de la délivrance est proche et va sonner, sachons donc nous libérer pour toujours de l'ingérence oppressive de ce dieu usurpateur qui porte un scorpion dans son sein!

Purifions l'humanité de cette souillure immonde, et, par respect pour les mœurs, balayons cette ordure divine hors de la société.

Alors, nous serons des hommes conscients de nos pensées, et libres de nos actions; mais tant qu'il restera trace du culte dans les églises, temples ou synagogues, nous ne serons que d'infimes esclaves.

O fantoches!

Une image, frappante d'actualité, patente et authentique, se dessine à mes yeux dans toute son horreur gigantesque!

Elle offre des renseignements terribles, de visu; je vais tâcher d'en représenter un peu l'aspect, vous jugerez d'après nature.

Prenez vos lunettes intellectuelles, et mettez la main sur la conscience, là, pour de vrai, et de tout cœur.

On dirait qu'il y a des lieux retranchés, pour ainsi-dire prédestinés au mal, des cités marquées au pinceau du destin, et où par un contraste étonnant, certains vices semblent germer et croître à côté du beau, ou comme à l'abri du bien, pour se développer plus amplement et à la sourdine.

Le hasard fait parfois de ces miracles jaunes: c'est le cas ici.

A ce titre, la grande et belle cité de Lyon, justement renommée par ses largesses et son hospitalité, mérite par contre une mention spéciale pour le serpent qu'elle couve dans son sein avec un soin tout particulier; car à côté de la charité inépuisable des riches, en regard du patriotisme éprouvé de ses habitants, en face des arts et des sciences qui s'y développent, en présence des syndicats ouvriers, sociétés de bienfaisance, secours mutuels, et toutes les institutions libérales qui s'y créent et s'y étendent de plus en plus pour le bien de la population pauvre et laborieuse, etc., il existe malheureusement un vice hideux qui annihile tous ces efforts, un vieux levain spécial de défectuosités morales (plus prononcé que partout ailleurs) qui passent inaperçues par l'effet de l'habitude, et qui sous le prestige immense de ce dieu fatal qui les domine par-dessus toute chose, occasionnent des maux affreux qui s'aggravent sans cesse en dépit de toutes les tentatives que l'on fait pour les éteindre ou les atténuer.

Pour s'en apercevoir et pour bien les connaître, il faut voir les choses dans tous les sens à leur vrai jour, les appeler par leur nom, les tourner sous toutes les formes ; car lorsqu'il s'agit de sonder l'état moral d'une cité pour en compter les degrés défectueux, il faut déshabiller complètement les us et coutumes, afin de bien voir le piédestal qui leur sert d'appui, ou de connaître la source d'où ces dépressions morales tirent leur origine.

Alors, chose étrange, on voit au premier coup d'œil le défaut de la cuirasse du monstre corrupteur à la naissance de l'orthodoxie catholique à Lyon, moment terrible d'angoisses épouvantables, époque sinistre qui dépasse toutes les autres en horreurs par les persécutions atroces qui ont eu lieu contre les évangélistes de la foi ; car, dit l'histoire, « jamais fleuves ne furent plus souvent rougis du sang des martyrs que ceux au confluent desquels cette ville est assise ».

C'est là où le premier évêque de Lyon, Pothin, vénérable vieillard de 90 ans, expira en prison après avoir subi toutes les tortures et les derniers outrages sous la barbarie de ces ariens enragés.

Quel contraste aujourd'hui avec ce même culte catholique auquel ils se cramponnent avec un fanatisme aveugle, ou par une cupidité

ignoble, et qu'ils ont combattu avec une
cruauté inouïe, un acharnement cruel au début !

"Il faut que ce soit le sol qui engendre ces
excès exceptionnels ; car la corrélation entre
les deux époques est en tous points analogue.
Si cette population était alors sous l'empire
des promoteurs de la doctrine d'Arius, elle su-
bit une pression exactement semblable à présent sous les despotes catholiques.

"Il était donc écrit que les Lyonnais en tien-
draient pour tout ce qui est vermoulu, gâté,
pervers, dépravé et pourri ; qu'avec le bien il y
a la fleur du mal.

"Car pour changer c'est la même chose : si les
ariens cruels se portaient à des atrocités barbares, les catholiques enragés et traîtreusement
la misère à profusion dans leurs murs, et hélas ! bien loin aussi,

"Ils ne peuvent donc se décider à mettre au
rancart, comme de vieux habits, ces croyances
absurdes, ces préjugés de villes fées, ces pra-
tiques aussi grotesques qu'immorales ; ou
s'ils n'y croient pas ils sont encore plus cou-
pables de s'y assujettir par calcul et cupidité.

"Quels arapés ! quels tigres farouches ! dites-
moi, mon gone, et comme ils en tiennent à
leurs vieilles pendreloques, ces bougres-là !

Raca !

Si ce n'est pas là le tableau tout craché de
leurs mœurs, qu'ils m'arrachent le ventre, ces
païens endurcis !

Avec cela une particularité de mauvais aloi
sans doute, (on n'a jamais pu le savoir) et ra-
contée par des plaisants de bas étage (les

gones !) attribuait il y a un demi siècle seulement aux traficants riches de la cité lyonnaise avec un cachet particulier de terroir, oh mensonge ! un vieux vernis de cupidité malsaine, une sorte de penchant à la duperie d'un ordre corcé qui faisait dire que : oh calomnie ! « Si un Génois était réputé valoir deux juifs en usure, un Lyonnais valait au moins deux Génois et plus de quatre juifs à ce métier-là ». Honni soit qui mal y pense !

Il faut enfin que ce soit ce guignon de destin qui ait voulu que depuis vingt ans environ Lyon devint la place forte par excellence de cette souveraine routine qui préside en maîtresse suprême (attention !) dans le grand commerce des soies, et abrite dans ses retranchements divins inexpugnables (à l'insu de ses adeptes bien entendu) cette mégère affreuse qui a ruiné la production séricole jusqu'à l'Extrême-Orient ; qui a mis à sac la grande industrie sétifère en Europe et en Asie ; qui a jeté le désarroi dans son propre commerce et sur toutes les places de France et de l'étranger sans exception ; qui a amené également (sans qu'on en ait l'ombre d'une idée) les sophistications les plus outrées dans la fabrique de tissage aux abois à son tour, au point que la consommation ne voulant presque plus des tissus drogués de Lyon, les fabricants lyonnais sont dans les transes en face de concurrents de mémoire néfaste, les Allemands !

Oh ! la ! la !

Comme tout s'enchaîne dans ce monde, de même les extrêmes se touchent, et en voilà une preuve des plus manifestes.

Heureusement que plaie d'argent n'est pas mortelle (pour ceux qui ont pu résister), et qu'à quelque chose malheur est bon ; car tout agent, tant vicieux soit-il, trouve à la fin sa contre-partie, et fait ressortir alors plus vivement ses causes anormales, en démontrant la nécessité urgente de rejeter les défectuosités qui ont amené les désastres.

C'est précisément parce que nous touchons à la fin de nos misères. et que le moment psychologique de la jonction des extrêmes est arrivé, que la solution réparatrice est inéluctable.

Mais il s'agit d'opérer la soudure de ces deux bouts d'une manière solide et définitive, pour qu'ils ne puissent se distendre à nouveau, ou gare à la casse !

Non, ne craignons rien, on fera une soudure infaillible !

C'est donc pour faire ouvrir les yeux aux négociants lyonnais sur la gravité du danger qu'ils ont amené inconsciemment sur tout ce qui touche à la soie, (1) que Typhon leur remémorie le genre d'habitudes routinières qui les corrompt, et veut aussi leur faire voir sous toutes faces le reptile hideux qui les empoisonne, afin de les préparer à la manœuvre salutaire du progrès, pour de bon cette fois.

C'est à cette bonne intention que Typhon se permet de les réveiller un peu avec sa trique bienfaisante, inoffensive et réformatrice par excellence.

Mais déployons l'image jusqu'au bout, et prenons connaissance du terrain; car il faut avoir

(1) (Et ce n'est pas peu de chose.)

une idée du mal pour agir selon le cas, ne pas nous exposer à faire de fausses manœuvres qui nous feraient reculer au lieu d'avancer, et il importe de comprendre la besogne pour ne pas aller se fourvoyer de nouveau dans le chaos dès qu'on se mettra à l'œuvre.

Or, voyez la tourbe où nous pataugeons, et dans laquelle nous a plongé la routine lyonnaise, la maîtresse de toutes les routines du monde sans contredit ; car nul commerce est aussi mal régi, et nulle marchandise n'est aussi mal tenue, avilie et vilipendée que « le noble fil ».

Allons dénicher cette routine jusque dans le sanctuaire de la Divinité ; c'est là où elle se retranche par les intrigues les mieux ourdies, la caballe la plus dissimulée, et en s'astreignant au culte fabuleux qui propage avec complaisance tous les vices en faveur de leurs adeptes, on obtient l'absolution de tous les gaspillages et l'encouragement au vol sans réserve ; car le culte divin ayant pour mission « l'absolution de toutes les iniquités, » ne peut qu'être hostile au Progrès, détruire la justice, exciter au mal, glorifier le vice et opprimer la vertu ; puisqu'il absout tout à l'avance.

C'est le culte du diable qu'on devrait dire, mais dieu ou diable c'est la même chose.

La divinité se drapant à son tour derrière son *Dieu des ganaches*, c'est à celui-ci que Typhon s'adresse et qu'il attaque en pleine face, à grand rénfort de coups de trique, pour lui mettre le mors, et lui attacher la martingale comme à un cheval rétif et vicieux.

Alors la routine, délogée de sa forteresse,

lève le pied habilement et quitte la place furtivement.

«Plus de Dieu, plus de routine, nous voilà
maîtres de la place.»

Car c'est là où cette mégère éhontée, igno-
rante et rapace faisait son foyer principal de
destruction pour le déverser ensuite par des
ramifications infinies dans tout l'Univers.

Pour avoir un aperçu du rayon étendu des
perturbations causées par cette affreuse ma-
râtre, il faut s'imaginer que la suprématie du
commerce des soies s'est implantée à Lyon
par l'effet de l'ouverture du canal de Suez qui
a ouvert la route directe des soies étrangères
vers sa cité, et que depuis lors elle guide à son
gré la barque universelle de la soie, non au
progrès ou à la prospérité, mais dans le chaos
divin ou à la ruine.

Sangdieu ! jamais on ne s'imaginera l'horreur
majestueuse et incomparable de ce tableau
dans son ensemble ! Il est tellement affreux
qu'il en devient d'une beauté horrible !

Jugez donc du panorama gigantesque qu'il
embrasse, rien qu'en commerce seulement,
sans parler de la production en matière première qui en forme l'aliment principal, et
des produits manufacturiers dans les filatures
et moulinages qui s'étendent dans des rayons
sans bornes..

Vous pouvez prendre par le Tonkin, Yoko-
hama, Shanghaï, Canton, Ningpo, Calcutta,
Brousse, Beyrout, Liban, Andrinople, Cons-
tantinople, Ismith, Athènes, Pirée, Sparte,
Calamata, Alexandrie, Milan, Florence, Venise,
Naples, Vérone, Catane, Ancone, Turin, Varese,

Lecco, Crémone, Côme, Brescia, Bergame, Udine, Vienne, Zurich, Bâle, Créfeld, Elberfeld, Bruxelles, Amsterdam, Rotterdam, Londres, Lille, Amiens, Roubaix Rouen, Beauvais, Saint-Etienne, Saint-Chamond, Roanne, le Puy, Dunières, le Cheylard, Annonay, Tournon, Lamastre, Saint-Pierreville, Largentière, Aubenas, Privas, Vals, Bourg-Saint-Andéol, Entraigues, les Vans, Joyeuse, Pézenas, Flaviac, Valence, Romans, Montélimar, Crest, Die, Uzès, Alais, Saint-Ambroix, Saint-Hippolyte, le Vigan, Ganges, Baghols, Pont-Saint-Esprit, Saint-Jean-du-Gard, Valréas, Orange, Carpentras, Avignon, Nyons, Livron, Loriol, Nîmes, Marseille, Draguignan, sans oublier nos deux pauvres exilées : Mulhouse et Strasbourg !

Tout vu à vol d'oiseau et mille autres rayons de moindre importance en production de cocons ou de soies grèges et ouvrées.

Impossible de s'imaginer l'étendue de la production séricole dans ce parcours, le nombre incalculable de sériculteurs réduits à la dernière extrémité par l'avilissement du prix des cocons, la position précaire de la filature et du moulinage des soies, dont les usines innombrables sont disséminées dans ces rayons avec leur fourmilière d'ouvriers, cette population immense de travailleurs en détresse, **et la plus belle, la plus grande industrie du monde, (1) livrée à la ruine par le fait unique de la routine lyonnaise.**

Ah ! jamais on ne se fera une idée de l'éten-

(1) Filature et Moulinage.

due immense des décombres qui sont venues s'engloutir dans cette tourbe, ni aucun désastre ne peut être comparé au chiffre colossal de pertes accumulées par la catastrophe qui date de plus de quinze ans et qui prend sa source à Lyon !

C'est que la saignée a été longue, et que de victimes y ont succombé !

Et si ces désastres calamiteux embrassent une portée d'une envergure aussi inouïe, c'est que la place de Lyon, grâce à sa position continentale unique au monde et au canal de Suez, a eu, comme je l'ai dit déjà, la prépondérance universelle, notamment sur Londres (le grand marché modèle qui avait servi avant et si utilement de centre régulateur aux soies), mais que, hélas! le vice ou plutôt le manque d'organisation du commerce lyonnais projette en tous sens une impulsion pernicieuse et destructive *hors de toute imagination* !

Gâchis gigantesque ! Exemple unique et incomparable de désastres dans les annales commerciales et industrielles du monde !

Détresse affreuse et sans précédente !

Crache donc ta pourriture, vieille Routine !

Voilà ton œuvre dans Lyon, la conséquence directe de ton dieu de boue qui a présidé à notre sort jusqu'aujourd'hui, l'effet de ce monstre de rapines qui a fondé son siège principal à Rome et établi sa succursale à Lyon.

Car la Routine c'est la fiente divine dont les hiboux de la place de la Comédie sont si friands qu'ils s'en arrachent les plumes et se piquent du bec à qui en mangera le mieux ; afin d'obtenir un sauf-conduit pour étrangler à leur aise les filateurs et les mouliniers sans avoir à redouter leurs réclamations.

Oh la sacrée sainte divinité ! Voyez jusque sous ses frusques le premier fruit de sa concupiscence avec son dieu des aveugles : l'Eve qui a choisi sur l'arbre du bien et du mal *la pomme de discorde de l'humanité* pour l'offrir à Adam.

O divine créature ! tu n'as donc pas reconnu, sous le serpent maudit qui t'a trompée. le sacrilège maléfice d'un marchand de soies de Lyon ?

Allons ! emporte tes flasques, Frédégonde !

Pauvres canuts ! vous cherchiez, vous aussi, la cause de vos misères. La voilà :

C'est le rejeton femelle et inceste de Dieu ou plutôt du Diable avec la Divinité.

C'est la Routine qui répand sa bave à la Croix-Rousse.

C'est aussi le même ennemi infernal, son père, qui répand la peste dans l'humanité en général, et chez les Lyonnais en particulier; parce qu'ils en respirent la fleur à pleins poumons, en première lignée et de longue date.

C'est également la Routine divine qui a enfanté cette lèpre législative dévorant nos budgets !

Et c'est cette législation pestiférée de dévorants qui élaborent la gangrène juridique pourrissant la société !

Vice inouï de la Divinité : la cupidité satisfaite écrase le désintéressement sacrifié, la trahison odieuse terrorise le noble dévouement, l'immoralité dégradante efface les mœurs pures, l'effronterie a le pas sur la simplicité ; en tout et partout la pourriture des mœurs prévaut sur la sanité des principes.

Quand au contraire l'harmonie, qui est la loi des êtres, doit inspirer l'union, la concorde, la bienséance, l'urbanité et l'indulgence, comme liens moraux de la véritable religion chrétienne.

Verra-t-on enfin que ce culte divin n'est au fond que l'irréligion la plus éhontée, le mobile de l'ambition cupide, le transfuge impudique du mensonge, l'imposture la plus fourbe et la dégradation morale de l'homme ?

Reprenant notre thèse, voyons un peu la conception de ce dieu de fabrique humaine, et d'où vient cette idée fantastique à laquelle s'étaient arrêtés les bons Pères de l'Église égarés dans leurs pérégrinations célestes...

N'est-ce pas le manque de moyen effectif, pour tenir un juste équilibre entre les classes sociales, ou l'absence de l'outil nécessaire pour souder les deux bouts de la chaîne sociale, qui les a fait errer dans le vague et les a obligés de recourir à un mythe aussi subtil qu'éphémère, invraisemblable que chimérique ; mais enfin, comme à un moyen de temporisation provisoire pour alléger, dans la mesure du possible, les maux de l'humanité ?

Mais n'est-ce pas néanmoins une fiction purement imaginaire que ce Dieu de fumée qui nous a tenus jusqu'à présent dans les ténèbres et plongés dans le chaos ?

Il nous faut du positif maintenant, du réel, du vrai, ou sans quoi . . . .

Or, la Nature est palpable, et nous en faisons partie effective. L'Infini se traduit par immensité ou force mystérieuse et suprême.

Mais Dieu ! ce n'est pas même un amphibie ;

c'est un mot creux qui ne dit rien, et comme tel ce ne peut être par conséquent qu'un blasphème à la Nature, que l'instrument du mensonge en résumé.

Pour dévisager complètement ce Dieu d'emprunt, il faut donc l'instrument de la vérité, l'outil nécessaire pour souder les deux bouts de la chaîne sociale.

Eh bien! en attendant de vous le montrer, c'est avec le gourdin de Typhon que je vais démolir votre idole. Attention!

Vou..... **Vou.....** **VOU.....**

Au fait,

Par le chaos de l'enfer!

Par le dard empoisonné du sphinx des ténèbres!

Par le sang et le feu de l'Empyrée, qui martyrise et consume l'humanité depuis la nuit des siècles!

Rien au monde ne pourra arrêter désormais la chute définitive du règne cruel de Plutus, dont l'arrêt de mort est fixé par le destin d'une manière irrévocable!

Aucune force humaine non plus ne pourra s'opposer à l'ère de prospérité et de bonheur pour les peuples, dont l'avenir nous offre le pronostic certain et inéluctable par le prochain avènement du Progrès, notre idéal terrestre véritable et réel!

Qu'importe comment il aura lieu!

CELA SERA.

Il faut se faire une idée du brouillard phosphorescent qui plane sur les séances du cénacle divin, pour s'imaginer les élucubrations les plus hasardées des édiles du Conseil à la poursuite du point lumineux, et à la suite de tentatives aussi infructueuses qu'insensées, voir sous quel pathos, au moyen de quelle logomachie on y opère les évolutions spirituelles, pour saisir toute la portée de cette hallucination mentale : la Divinité.

Puis, si l'on cherche à mesurer l'étendue des vices, et à énumérer la quantité d'abus qui y ont pris racine, on peut se figurer le degré d'affaissement moral où nous sommes tombés, et au milieu de quelle fange de sangsues et de scorpions nous nous mouvons.

Non! aucun terme ne peut définir l'horreur de la situation.

Voilà où conduit la Divinité, d'où vient le nom exécrable de Dieu, et la cause primordiale, unique, de la misère humaine.

A la suite de ce régime divin se forme le cortège inévitable des papes, rois, dictateurs, empereurs et présidents, qui conduisent, le convoi funèbre dans les catacombes !

Ouvrons donc les yeux à la vérité, et comprenons enfin que, pour exister désormais, et avant d'ouvrir la porte du Progrès, la société n'a plus qu'un seul effort à faire :

Tuer le monstre qui menace de nous engloutir dans l'abîme!

Pulvériser l'idole de malheur !

Car le Sphinx qui dévore les hommes, cet infâme Writa, ce masque horrible, cette bête noire, s'appelle..... Dieu !

Oh! l'animal ignoble!

Nom..... de Dieu !

Krrrrrrrrr.....

Il y est.

TYPHON,
converti à la vérité.

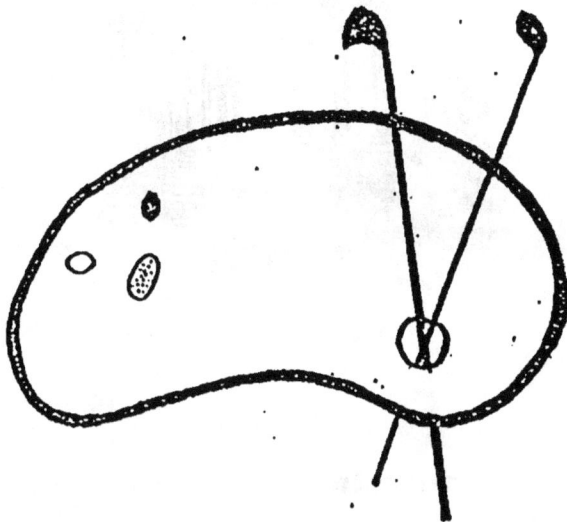

Ci-git  le Sphinx

Omnia orta cadunt.

Et le prêtre, affranchi des stigmates du mal,
Tracera le sillon du Progrès idéal.